中国俗文化丛书

丛书主编 高占祥

高建军 著

客栈今昔

山东教育出版社
·济南·

图书在版编目（CIP）数据

客栈今昔 / 高建军著 . —济南 ：山东教育出版社，2017.2（2024.3重印）

（中国俗文化丛书 / 高占祥主编）

ISBN 978-7-5328-9290-7

Ⅰ. ①客… Ⅱ. ①高… Ⅲ. ①旅馆－文化－中国 Ⅳ. ①F719.2

中国版本图书馆CIP数据核字（2016）第052099号

ZHONGGUO SUWENHUA CONGSHU

KEZHAN JINXI

中国俗文化丛书 高占祥 主编

客栈今昔 高建军 著

主管单位：山东出版传媒股份有限公司

出版发行：山东教育出版社

地址：济南市市中区二环南路2066号4区1号 邮编：250003

电话：（0531）82092660 网址：www.sjs.com.cn

印 刷：山东华立印务有限公司

版 次：2017年2月第1版

印 次：2024年3月第2次印刷

开 本：787毫米×1092毫米 1/32

印 张：7.125

字 数：100千

定 价：49.80元

（如印装质量有问题，请与印刷厂联系调换）印厂电话：0531-76216033

中国俗文化丛书

主　　　编：高占祥
执行主编：于占德
副 主 编：于培杰
　　　　　　叶　涛
　　　　　　刘德增

序

在中华民族光辉而悠久的历史传统文化中，俗文化占有十分重要的地位。它不仅是雅文化不可缺少的伴侣，而且具有自身独立的社会价值。它在中华民族的发展历程中，与雅文化一起描绘着中华民族的形象，铸造着中华民族的灵魂。而在其表现形态上，俗文化则更显露出新鲜、明朗、生动、活跃的气质。它像一面镜子，折射出一个民族、一个地区的风土人情和生活百态。从这个角度看，进一步挖掘、整理和发扬俗文化是文化建设的一项战略任务。

俗文化，俗而不厌，雅美而宜人。不论是具体可感的器物，还是抽象的礼俗，读者都可以从中看出，千百年来，我们的祖先是在怎样的匠心独运中创造出如此灿烂的文化。我们好像触到了他们纯正的品格，听到了他们润物的声情，看到了他们精湛的技艺。他们那巧夺天工的种种创造，对今人是一种启迪；他们那健康而奇妙的审美追求，对后人是一种熏陶。我们不但可从这辉煌的民族文化中窥见自己的过去，而且可以从中展望美好的明天。

俗文化，无处不在，丰富而多彩。中华民族，历史悠久，地大物博，人口众多，在长期的生活积淀中，许多行为，众多器物，约定俗成，精益求精。追根溯源，形成系列，构成体系，展示出丰厚的文化氛围。如饮食、礼俗、游艺、婚丧、服饰、教育、艺术、房舍、变迁、风情、驯化、意趣、收藏、养生、烹饪、交往、生育、家谱、陵墓、家具、陈设、食具、石艺、玉器、印玺、鱼艺、鸟艺、鸣虫、镜子、扇子等等，都是俗文化涉及的范围。诚然，在诸多领域里，雅俗难辨，常常是你中有我，我中有你，彼此交叉，共融一体；有的则是先俗而后雅。

俗文化，古而不老，历久而弥新。它在人们的身边，在人们的生活中，无时无刻不影响人们的思想、观念和情趣。总结俗文化，剔除其糟粕，吸收其精华，对发扬民族精神，增强民族自信心，提高和丰富人民生活，都具有不可忽视的意义。世界文化是由五彩斑斓的民族文化汇成的，从这个意义上讲，愈是民族的，就愈是世界的。因此，我们总结自己的民俗文化，正是沟通世界文化的桥梁。这是发展的要求，时代的召唤。

这便是我们编纂出版这套《中国俗文化丛书》的宗旨。

目录

一、客栈界说

（一）客栈释名

客栈，就是供行旅之人休止住宿的处所。古时一般称：客舍，近代俗呼：客栈，现在皆称：饭店、旅馆。概括说，不论是官办，还是民营，或非官非民经营的；不管是营业性、非营业性，或是兼有其他服务内容的；只要是供行旅者停留和暂时居住的处所，均应在客栈名下。

客栈之名，近代学者章太炎先生曾在《新方言·释宫》中解为："行旅所止之屋，谓之客栈。栈，借为传。《广雅》：'传，舍也。'"这里的"传"，应读为 zhuàn；是指古代设于驿站的房舍，作传舍讲。章先生意思是说，客栈就是客传的音传，就是客舍的当代叫法。

广义上的客栈，非盈利目的的，如国家修建设置的馆、驿、亭、传，和寺院道观所设的山房、知客寮，以及郡县设京师的郡邸、商人行会的会馆、公所、公会等；盈利为目的的，如民营的客舍、旅馆、车马大店、鸡毛小店等；有其他服务项目兼停宿的，如商贸服务的邸店、行栈，色情服务的妓馆、老举寨；观光疗养服务的旅行社、度假村、民俗村等。

（二）别名小释

客栈，又有许多名谓。有些是不常听见、看到的。为此，将客栈的一些异称别名介绍如下，供浏览。

逆旅。逆，作“迎”讲；旅，即“旅客”；逆旅，就是迎止宾客的地方。还有一说：居家为顺境，客旅为逆境，所以将客旅止宿的地方名之逆旅。一般为民办。相传尧时已有，晋朝的潘岳在《上客舍议》有对逆旅的叙述。

传舍。古时供往来官员、驿卒休止住宿的处所。《战国策·魏四》有“令鼻之入秦之传舍”的记载。《史记·郦生列传》记述沛公曾住过高阳传舍。相传，掌管人世间客舍的星宿，称传舍九星。《星经·卷上》说：“传舍九星在华盖、奚仲北，近天河，主宾客之馆。”看来，古人给客栈命名亦是有讲究的。

行舍。行、旅同义，故称。三国时魏国文学家阮籍《元父赋》说："逆旅行舍，奸盗所藏。"寥寥八字，概述了汉魏时期客栈业的景况。

庐。古代沿途迎候宾客的房舍。《周礼·地官》载：凡国野之道，十里有庐，庐有饮食；三十里有宿，宿有路室，路室有委；五十里有市，市有候馆，候馆有积。

路室。因设于路旁而得名。有足够的谷物储藏。《周礼》有载见上。贾公彦解释说："路室，候迎宾客之处。"《楚辞·东方朔，〈七谏·怨世〉》曰："路室女之方桑兮，孔子过之以自侍。"王逸注："路室，客舍也。"

候馆。指在古时市集中所设的宾舍。且有楼可供人观望，又有大量的车马粮草贮积，以备不时之需。《周礼》有载见上。郑玄注："候馆，楼可以观望者，一市之间有三庐一宿。"

蘧庐。古时驿传中供人休息的房子。《庄子·天运》说："仁义，先王之蘧庐也。止可以一宿，而不可久处。"一种石竹草搭制的庐屋，是不好常住的。当然，后代不再用石竹草搭建，但名字却沿用着。所以，郭象有注："蘧庐，犹传舍也。"唐代诗人刘禹锡《管城新驿记》中说："蘧庐有甲乙，床帐有冬夏。"所说有甲乙等级的客房，肯定不是蘧草所建了。

寄寓。客栈为旅客寄居之所，故称。《国语·周语中》说到过："司里不授馆，国无寄寓，县无施舍，民将筑台于夏氏。"韦昭解释说："寓，亦寄也。无寄寓，不为庐舍可以寄寓羁旅之客。"

施舍。《国语》有载见上，韦昭注："施舍，宾客负任之处也。"

客馆。招待宾客的处所，故称。《左传·僖公三十三年》有记："郑穆公使视客馆，则束载，厉兵，秣马矣。"《西京杂记》卷 4 说："平津侯自以布衣为相，乃开东阁，营客馆，以招天下之士。"

客舍。《管子·轻重乙》记有："请以今为诸侯之商贾立客舍，一乘者有食，三乘者有刍菽，五乘者有伍养。"在齐国住客舍还有奖励的，四马一车的供人饮食，三车十二马的和五车廿马的草豆饲料全部免费。此遗风在近代东北大车店还存：只收店钱，不收饭费。《史记·商君列传》中，有商鞅变法失败，仓皇出逃投客舍不成的记述："商君亡至关下，欲舍客舍。"南朝刘义庆《世说新语·文学》中记载："郑玄欲注《春秋传》，尚未成，时行与服子慎相遇，宿客舍。"

亭。设在道路旁的公房，有楼，可供旅客住宿，又可侦察盗贼。《释名·释宫室》说："亭，停也。亦人所停集也。"《风俗通》解释："亭，留也。行李（旅行者）宿舍之所馆。"《东观汉记》有"卫飐为桂阳太守，凿上通路，列亭置邮"的记载。汉魏六朝时，十里设一亭，并设亭长。

郡邸。邸，旅舍；诸郡设在京师的办事处。《汉书·宣帝纪》："邴吉为廷尉监，治巫虫于郡邸。"《北史·循吏传·柳俭》说："帝赐俭帛二百匹，绚、肃各一百匹，令天下朝集使送至郡邸，以旌异焉，论者美之。"

蛮夷邸。汉代设于京城接待邻族、邻国来宾的客栈。

四夷馆。北魏在洛阳所设以居四邻各族、各国归附之人和商贾的客馆。曰：金陵馆、燕然馆、扶桑馆、崦嵫馆。

官槅。古代官设的旅舍。《晋书·潘岳传》载："十里一官槅，使老小贫户守之，又差吏掌主，依客舍收钱。"

邸店。亦称邸舍、邸阁。古时城市中供客商堆货、寓居、交易的行栈。东晋南朝已有，隋唐更多。唐长安等大都邑，市场四面都设有邸店，少则百余处，多达三四百处，为客商说合买卖，兼营旅馆、堆栈。

脚店。供人临时歇脚的小客店。宋人张择端《清明上河图》所绘虹桥两端皆有构筑彩楼欢门的脚店。宋人孟元老《东京梦华录·民俗》说："其正店酒店户，见脚店三两次打酒，便敢借与三五百两银器。"周立波《金戒指》中也曾有过这称谓，"这脚店孤立在村尾，离开最近的人家也有半里地。"

驿传。亦称驿站、传置、客邮、客亭、遽传、站赤、递铺等。古时供传递公文的人或来往官员暂住、换马的处所。汉制三里置驿，此后历代皆置。站赤，是"驿传"的蒙译名。

客次。又称旅次。次，止宿之舍。《唐诗纪事》卷43何元上《所居寺院凉夜书情呈（吕）温》诗云："幸似薄才当客次，无因弱羽逐鸾翔。"《杜工部诗史补遗》九《毒热寄简崔评事十六弟》诗曰："老夫轻不乐，旅次兼百忧。"

客邸。唐代诗人唐彦谦《鹿门集·寄友》之一："别来客邸空翘首，细雨春风忆往来。"《宋史·黄幹传》："时大雪，既至而熹它出，幹因留客邸。"

客店。唐代诗人白居易《长庆集·闲夜咏怀因招周协律刘薛二秀才》诗云："高置寒灯如客店，深藏夜火似僧炉。"宋代孟元老《东京梦华录·大内前州桥东街巷》记载："东去沿城皆客店，南方官员商贾兵级皆于此安泊。”

旅舍。《后汉书·宦官传·侯览》记述过京兆尹袁逢去旅舍情景，“于旅舍阅参车三百余两，皆金银锦帛珍玩，不可胜数。”北周的庾信《哀江南赋》说：“旅舍无烟，巢禽无树。”

旅邸。民间客栈。宋代郭彖《睽车志》卷5：“（朱藻）某年南宫奏名，方待廷试，有士人同寓旅邸。”《初刻拍案惊奇》卷21：“两个投宿于旅邸，小二哥接引，拣了一间宽大房子。”

旅馆。古代泛指供旅人住宿的房屋；近现代专指营业性的供旅客住宿的地方。南朝宋人谢灵运《游南亭》诗：“久痗昏垫苦，旅馆眺郊岐。”唐代高适《除夕作》：“旅馆寒灯独不眠，客心何事转凄然。”唐人唐彦谦《红叶》诗曰：“晚风生旅馆，寒籁近僧房。”巴金《随想录·一谈〈望乡〉》：“我们上了岸就让旅馆接客人用的马车把我们送到四马路一家旅馆。”

旅店。《全唐诗》有诗句：“旅店开偏早，乡帆去未收。”《西游记》第10回说：“烟凝山紫归鸦倦，路远行人投旅店。”

旅行社。现代一种专门办理旅行业务，为旅客安排旅行日期，提供交通工具、导游，又兼营食宿等服务的处所。

宾馆。招待宾客住宿的地方。现代人常用此称谓。《礼记·

杂说下》载："夫大享既享，卷三牲之俎，归于宾馆。"《北史·宇文测传》有："测皆命解缚，置之宾馆，然后引与相见，如客礼焉。"徐迟《牡丹》八："魏紫步行回自己的宾馆。因为剧场离宾馆不远，她没有坐车。"

宾闼。闼，内房；犹客舍。唐人高彦休《唐阙史·荥阳公清俭》："公则尽食所弃，遂揖归宾闼，赠以束帛，斥归乡里。"

宾墀。墀，阶；宾阶，借指宾馆。明代朱鼎《玉镜台记·议婚》："小生蒙姑母留止宾墀，礼意勤恳，但心系北堂，不安寝食。"

宾榻。宾客下榻处，指客栈。唐人范摅《云溪友议》卷3："顾其言语清楚，宛有冠盖风仪，抚念如其所媵，遂于宾榻中选士而嫁之。"清人厉鹗《东城杂记·玉玲珑阁》记："上舍登岸，皆在宾榻，酒阑棊罢，相与唱和。"

寅宾馆。寅宾，恭敬引导之意，故称。元人马致远《陈抟高卧》第三折："喜的他不弃寡人而来，今在寅宾馆中，尚未朝见。"清人李渔《怜香伴·谄笑》："我如今求汪学师开我做礼生，且先借明伦堂做个进身之阶，不怕寅宾馆不是我安身之处。”由此可知，进宾馆当服务员，则要先进训练班学习培训，是古已有之的。

茅店。用茅草盖成的旅舍。唐人温庭筠有诗《商山早行》云：“鸡声茅店月，人迹板桥霜。”宋人杨万里《不寐》亦有“忽思春雨宿茅店，最苦仆夫催去程”的诗句。明人沈鲸《双珠记·辕门遇友》：“暮宿月留茅店影，晓行鸡弄竹窗声。”

店舍。唐代元稹《连昌宫词》曰：“初过寒食一百六，店舍无烟宫树绿。”宋代范成大《暮春上塘道中》诗云：“店舍无烟野水寒，竞船人醉鼓阑珊。”

店房。《古今小说·裴晋公还原配》写，“（唐璧）雇人挑了行李，就裴相国府中左近处，下个店房。”

店肆。元代郑光祖在《王粲登楼》第一折写道：“一月前，有个王粲，在我店肆中居住。”《水浒传》第 61 回道：“（吴用、李逵）行了几日，赶到北京城外店肆里歇下。”

歇店。客栈供旅客歇宿，故称。《说岳全传》第 13 回：“小人开的是歇店……家里尽有干净房屋，只管请来就是。”

下处。接待宾客为“下榻”，客栈为下榻之处，故称。《水浒传》第 3 回：“只说鲁提辖回到经略府前下处，到房里，晚饭也不吃，气愤愤地睡了。”

下宿。指普通公寓或客栈。鲁迅《书信集·致蒋柳卮》记有：“此地颇冷，晌午较温。其风景尚佳，而下宿则大劣。”郭沫若《残春》写：“与其说是病院，宁可说是下宿。”

行栈。中国旧时居间性商业的经济场所，主营买卖双方贸易，兼为客商提供食宿等服务。唐宋以前称邸店，明以后通称牙行，清时对外贸易的称十三行。行栈各地名称也不一，如行店、货栈、九八行、过载行或过塘行等。

鸡毛店。旧时一种最简陋的小客栈。没有被褥，垫鸡毛取暖，久之，人们便俗呼“鸡毛小店”或鸡毛房。清人蒋士铨曾以宿住鸡毛店经历而作一诗《鸡毛房》：“黄昏万语乞三钱，鸡毛房中买一眠，牛宫豕栅略相似，禾秆黍秸谁与致。”当代作家艾芜也宿过这类小店，在《人生哲学的一课》中写道：“铺面卖茶的一家鸡毛店里，我从容不迫地走了进去。”

饭店。客栈的现代人标准称谓。亦有名之酒店、宾馆、宾舍、酒楼、旅馆的，台湾省一律称饭店，香港特别行政区及澳门称酒店。饭店，今多指那些建造豪华、设备完备、服务上乘的宾馆，且与国际饭店业接轨，按一至五星级划分等级的，星级越高，等级越高。中国人习惯把饭店分为：中低档、中档或中档偏上以及豪华级三个类型。现代的饭店，已远远超出传统的仅仅是提供宿食的服务范围，而是为国内和国际旅客提供着住、食、行、乐、购物等多方面的综合服务。

二、写意源流

拂去描绘中国客栈已往历程画面上的岁月风尘，我们不仅可以看到公馆的豪华与奢侈、茅店的静幽与寒酸，且还可以从一个侧面帮助我们更深刻地探究曲折的社会发展轨迹，更好地体察中国传统文化的特质。

毫发不爽重新展现客栈历史发展的全貌，自然是不可能的；只能通过零散纷杂的资料，大写意般勾勒出大略的意境和若干特点来，以飨读者。

（一）遥想唐尧逆旅（客栈起源）

客栈源起于何时？

这确实是一个很难考证和回答的问题。因为有确切纪年的历史，只记到公元前的841年，再往前的史实记述很少；即使有，也只能是“传说”或言“相传”。晋朝有个当过河阳令、著作郎、给事黄门侍郎等官的潘岳，在他的《上客舍议》中说，古文献上有记载尧时的隐士许由，在拒绝唐尧令他摄位治理天下时，是留宿在民间客舍里的：“谨案客舍逆旅之设，其所由来远矣……语曰：‘许由辞帝尧之命，而舍于逆旅。’”这位曾做过编纂国史之官著作郎的潘岳，肯定是接触过大量古代典籍的，其所言逆旅起于尧时，应是有些许历史依据的吧。

史前文化的研究，还有大规模的考古发掘可资稽考和推论。在母系氏族时期陕西临潼姜寨原始村落遗址中，似能寻到有客栈意义的原始雏形的处所。临潼原始村落遗址居住区有 80 至 120 平方米的大型房屋，供老人和孩子居住及公共活动之用，大房屋附近分布着十几或二十几所中小型房屋，为青壮年女子的住所，同时也做接待来访男子的客堂，与之在此居住和生活。这十几或二十几所中小型房屋，是不是有着原始的客栈的功用?

人类的基本物质生活内容是“食衣住行”，客栈的产生，便也是与人类的住（居住）和行（交通）的发展紧密联系着的。在悠悠漫长的旧石器时期，是不会有什么客栈的，那时我们的祖先，或蜗居于山洞，或蛰居于树巢，抑或居于其他自然天成的屏蔽地。进入新石器时代，我们的祖先虽构筑起半地穴式或干栏式居住房屋，但各原始部落居住还是很不稳定的，且缺少更大范围“行”的扩展。距今五六千年前进入父系氏族炎黄之时，生存空间才有了大的开拓，便开始了“披山通道”、“刳木为舟”的发展。有“行”的发展，更觉止居的重要，黄帝则“邑于涿鹿之阿”。这“邑”应为一种相对稳定的居民点。距今四千多年前，到了唐尧时期，传说中原大发洪水，鲧受尧命治水，鲧是在居民点四周高筑土围子堵水护城的，古籍《竹书纪年》说：“鲧作三仞之城”。可见此时我们的祖先居住点是基本稳定的了。又相传唐尧老了，要物色一位接班人；众人荐举了舜，尧对他进行了长达三年的“宾于四门”、“纳于大麓”等方面的考察。其中“宾于四门”，就是在城门口主管送往迎来的工作，舜以“四门穆穆”的政绩而通过了第一道考察。试想，当时没有迎接安顿宾客止歇的客栈，舜的优秀政绩何以体现？由此和相对稳定的人类居住形式一起来推论，客栈源于尧时该是准确的。

在今河南省淮阳县平粮台，挖掘出一座距今 4400 年左右的古城遗址，恰好是尧舜之际的遗迹。其城壕、城墙、城门、门卫房、大道、小巷、民居等，已具相当规模。由这一古城池遗址，来推想尧时的客栈，当建在贯接南北城门大道一侧的居住区里，临近城门；建构也当与南城门门卫房一样，土坯垒墙的简陋房舍。房内应铺设草席或兽皮，应陈设有彩陶或青铜的日用器具，如钵、罐、盆、壶、釜、鼎、鬲、觚、爵……

（二）候馆俨然·私馆悠然（夏商周）

夏商周三代，殷商以前的历史较模糊，因此夏商之时的客栈发展情况，更是难有什么确切的史料记载，只能通过对这两个时期的交通和商业发展的分析，来推测客栈发展的脉络。

夏时，有了洛阳（今河南省洛阳）、亳邑（今山东省曹县南）之间和西起关中东到齐鲁的两条横向交通干线。商代，则有了殷（今河南省安阳）商（今河南省商丘）线和洛阳——商丘——曹邑线，一纵一横，贯通全境。有了通联东西南北的道路，便给远距离贸易提供了可能。夏代已有了“驭马”记载，商人又创造“服牛乘马”（役使牛马驾车）远距离商贸。商始祖契之孙相土创作“乘马”，势力已从今山东、河南之交拓展到渤海之滨，《诗·商颂·长发》中有赞辞：“相土烈烈，海外有截。”相土曾孙王亥又创作“服牛”，还曾驾牛车赶牛群到黄河北岸有易氏（今河北省中部）去贸易。畅通的道路，陡兴的商贸，肯定会给都市、边城及交通沿线提供食宿的客栈，提供了发展的机会，这从周代有关客栈发展的史实，便可反观到夏商两代客栈的景况。

进入周朝，交通更为发达，《诗·大东》吟道：“周道如砥，其直如矢”。是说周道宽广平坦、笔直如矢。除此周道外，仅镐京就有九纵九横十八条九轨（合今 16.6 米宽）大道。京师周围方圆一千里内，称王畿。王畿以外国土分封给诸侯，为加强联系，王畿边界线上设十二个关，由镐京到各关又是十二条五轨（合今 9.2 米）的国野之道。借今日的俗话说“公路通百业兴”，交通的便利，促进了社会生产力的发展，然而在各邦国、各地区间政治、经济、军事、文教活动的展开，特别是战争和商业活动的展开，社会又反过来要求交通设施的建设发展，到春秋战国之际，邮驿网络已遍布中华各地，政府设置的邮驿传舍与候馆也普遍开张。

设候馆，以接待八方来宾。在《周礼·地官司徒》中明确规定：凡国野之道，十里有庐，庐有饮食；三十里有宿，宿有路室，路室有委；五十里有市，市有候馆，候馆有积。西周的道边设馆应是中国饭店旅馆业发展史上“路边店”的滥觞。

候馆庐舍，建在都城、邑市、边境线和交通干线上，主要供接待各诸侯国的宾客和国家各级各类公务人员使用。周王室与各诸侯国之间、各诸侯国相互之间，都有频繁的使节往来，且有定期不定期的各种朝会结盟活动，加上兼并战争此起彼伏的师旅活动，都离不开庐舍候馆的接待，它有着停留休息的客栈意义之同时，还担负为国家政治军事外交活动服务的功能，还是一个国家行政管理、政策导向、社会治安的一个重要窗口。

春秋时期统治阶级有着“通商惠工”的政策，促进了经济发展。其中小小候馆客舍，也起到了不凡的作用。如春秋时齐国，国卿管仲在抓商业贸易时，制订三条有关对外贸易的政策，其中有一条这样规定：三十里设一驿站，积储食物以供商人之用，并设客舍，来一乘（一车四马）的供给本人伙食，来三乘或五乘依次供给更多。这样的政策一经传开，天下商贾若流水般人齐，促进了齐国经济大发展；使齐国成为“连衽成帷，举袂成幕，挥汗成雨，家敦而富，志高而扬”

的春秋首霸。

先秦时除了有客舍功能的庐舍候馆外，国家还有置邮传命的邮驿，它虽是国家邮递业务及为邮递服务的机构，接待一般政府公务人员与邮夫，但也接待其他行旅之人。中国古代邮驿自先秦到明清，历史久远且各具特点，虽兼有接待使臣和国家官吏和一般旅客的任务，但主要职能是负责通信，因此，邮驿的客栈意义上的内容，在此提及，以下各代邮驿不再赘述。

私馆养士，在客栈发展史上是一个特例。它是先秦时代贵族所设的一种非营业性私人宾馆，当时俗称为私馆，亦称传舍和馆舍，它只接待特定人士。《礼记·曾子问》言：“与公所为曰公馆，自卿大夫家曰私馆。”国家使节由公馆接待，贵族官员之间私相往来由卿大夫接待。《仪礼·聘礼》则规定：“卿馆于大夫，大夫馆于士，士馆于工商。”除这种按等级接待来宾外，私馆更多是用来养“士”之用。士，在当时是一个特殊阶层，要靠依附某个有权有势的贵族才有饭吃，才有出路，因此养士的私馆便发展起来。春秋战国之时，为养士而设私馆，最著名的是“战国四公子”：齐国的孟尝君田文、赵国的平原君赵胜、魏国的信陵君魏无忌、楚国的春申君黄歇。后又有秦相吕不韦、燕太子丹，可以说他们无不倾其所能地大办馆舍。齐国孟尝君的私馆，就有传舍、幸舍、代舍、上舍好几个等级，用以接待不同身份、不同才干的宾客。另外，各诸侯国为壮大其威势“招贤纳士”，也有建公办馆舍的，如齐国荀子晚年为祭酒的“稷下学宫”，招聚天下诸子百家文学游说之士以千百计，其衣食住行一律由齐政府负担。这些“养士”的馆舍，就其接待游客旅人这一职能来说，未尝不是一种寄寓之所，故而述之。

从远古传下来的民营逆旅，在先秦三代又得到较大发展，因为逆旅是私人旅行、迁徙、经商、游学、探亲访友的最适宜的寓所。《史记·齐世家》记述姜尚就封齐国赴任时，沿途就是宿住的民营逆旅。他一程一程按部就班地前去就任，一位逆旅主人劝他说：“机会难得而易失。你这样黏糊糊儿地走，哪年哪月才能到营丘呢?”姜太公听后觉言之有理，便晓行夜宿兼程而进，及时赶到了齐都营丘。

西周以后，逆旅发展很快，在重要的交通要道上多有开设。如晋国太傅阳处父去卫国访问，回程走到宁邑，“舍于逆旅宁嬴氏”。宁邑，今河南获嘉，春秋战国时正处在晋通往中原的重要通道上。《国语·晋语》记述，这个嬴氏逆旅主人见到阳处父很高兴，对妻子说："我看这位官人很有才干，我很早就想追随一位贤能干一番事业的，现在如愿了！他便随阳处父回晋都曲沃。一路上，他们说说笑笑，嬴氏发现阳处父不过一个说大话且言不由衷的人，刚到温县便辞别而回。其妻很奇怪问他，他说："阳处父这人靠不住，我看他很快就要倒霉的。"果然，没过多久，阳处父被杀了。而宁地的这对夫妻，依然平平静静经营着他们的逆旅。

"弦高犒师退兵"的故事里也有关于客栈的内容。郑国商人弦高养牛有方，发了养牛贩卖之财，一日赶了数百头牛，准备到洛阳城去卖，当行至滑县（今河南省偃师县缑氏镇）时，从故人蹇口中，得知秦国乘郑国不备，派精兵三千战车三百乘偷袭郑国，不久就要来到。弦高一听，暗自吃惊。于是，一面打发人驾快车昼夜奔告郑国做好御敌准备，一面把牛群就近寄存客栈里，精选十二头又肥又好看的牛，诈称郑国使臣来犒劳秦军，自乘小车迎了上去。秦将以为秘密已暴露，便取消了攻打郑国之念头，便灭滑而还。当时，弦高寄存牛群的地方，即民营的逆旅客栈。由此看来，交通要道上普遍开设着私人的逆旅。当时，张仪知老同学苏秦佩上了六国相印，想投奔他寻个出路。苏秦不肯接见他，等了几日，好容易接见了，又让张仪坐在低下的位置上，吃仆妾之食，并当众数说张仪的无能……张仪好不气恼！于是决定投奔秦国，与苏秦唱一台对台戏。一路上，总有一位热心人“微随张仪，与同宿舍”(《史记·张仪列传》)，主动与张仪交好，尽力帮他排解途中困难，并资助张仪全部舍宿费用。张仪至秦，被秦王命为客卿，便找此人致谢，此人笑笑说：“我是奉了苏君之命前来照护资助您的。苏君之所以激愤您，是希望您有大作为啊！”张仪自赵都邯郸至秦都咸阳，沿途投宿皆在逆旅。

娼妓业的出现。也在这个春秋时期。在郑、卫、齐首先有了古代所谓“淫乱”的风俗。《战国策·东周策》有记：齐桓公“宫中七市，女闾七百”。《楚辞·招魂》曰：“郑卫妖玩，来杂陈些。”

（三）亭馆林林·客舍青青（汉魏六朝）

嬴政始建大一统封建帝国，始为皇帝，筑长城，修驰道，开灵渠，四出巡游，其所确立的驰道、邮驿的体制对后世均有着直接的示范作用和指导意义，只可惜秦代短命，只维持了十几年光景。因此，说到秦代的客栈，有代表性的也只有始皇帝出巡之地建的行宫了，这是古时候比较高级的客馆。

亭，是秦汉至魏晋南北朝时期国家的主要客栈形式。均十里建一亭。亭本是六国时期的一种地方行政组织，秦时使这一基层组织同时担负起客栈的任务。《风俗通》说："汉家因秦，大率十里一亭。"《魏略》也说："从长安至大秦（东罗马帝国），人民连属，十里一亭。"亭在这一时期普遍存在。《洛阳记》中记载，洛阳城内有千秋、孝敬、清明等二十四亭。道路上亭就更多了，如河阴界东有户乡亭、南泉亭和街邮亭。亭由亭长主持事务，接待的客人除身份高的客人外，还招待普通的人。如《魏书》记，元皇后以汉延熹三年二月生齐郡白亭；又如《郡国志》说：沛国桓俨避难至会稽，闻陈业贤，想在亭中等候，久而不来，遂作书留言，系在白楼亭柱上。

馆之设建，是与社会商业发展密切联系着的。上古的商业到大一统秦汉时代，发展至最高峰，尤其是西汉时代，《史记·货殖传》说："汉兴，海内为一，开关梁，弛山泽之禁，是以富商大贾周流天下，交易之物，莫不通得其所欲。"随着商业的繁荣，汉至南北朝，作为国家一级的馆，到处可以看到，如晋宫阁名中有华林馆、繁昌馆、建康馆、显昌馆、延祚馆、寿安馆、干禄馆等。建于道路上的也不少见，《荆州图记》说："襄阳县南，水行四十里，陆道六十里，有桃林馆。"

接待的对象，主要是外国使臣和国家官员。西汉中期，对外贸易日益发达，长安城内藁街还建一“蛮夷邸”，专供邻族、邻国使者和商人的食宿。《晋书·天文志》说：“近宾客馆，主胡人入中国客。”《建康地记》也载：显仁馆，在江宁县东南五里青溪中，古高丽使居住。南北朝时的北魏，则首创了规模颇大的“四夷馆”。四夷馆，在北魏首都洛阳的南部，沿御道出正南门，过永桥，向南不远的路东矗立；分别称为金陵馆、燕然馆、扶桑馆和崦嵫馆。四馆命名表示北魏王朝的四方，金陵即建业（今南京），代表南方；燕然即杭爱山，在今蒙古境内，代表北方；扶桑是古代神话日出的地方，代表东方；崦峨是山名，在今甘肃天水市西，传说日落的地方，代表西方。路西与四夷馆相对还有四夷里，分别称为归正里、归德里、慕化里和慕义里。这四馆、四里构成一个互相联系的整体，“门巷修整，阊阖填列，青槐荫柏，绿柳垂庭”，一个环境幽雅的寓居区。四夷馆是用来接待来自邻族邻国的使节、商团和侨民的，如久住洛阳者，再赐宅于四里。自太和十九年（公元 495 年）北魏孝文帝从平城迁都洛阳，到天平元年（公元 534 年）迁邺之间的四十年里，“自葱岭已西，至于大秦，百国千城，莫不款附，商胡贩客，日奔塞下，所谓尽天地之区已。乐中国土风因而宅者，不可胜数……附化之民，万有余家。”还需一提的是，西汉开了地方在京城设“办事处”的先河。西汉京师长安，曾修建有140多所诸郡所设供公务人员去京食宿的馆舍—郡邸。至北朝，各州又设有州馆。这一时期，亭馆便是如此繁盛，言其林林总总该不为过吧。

客舍，秦汉时比前代增多，此时这一民间客栈已开始收费，有钱就能住上可心的客舍。至东汉中后期，因传舍邮亭经费越来越入不敷出，这样正好给了私营客舍一个发展机会，使之越办越好。国家官吏在亭舍享受不到多少无偿招待，便转而投宿民间客舍，这无疑也刺激了客舍服务质量的提高。如北魏大臣崔光的弟弟崔敬友“置逆旅于肃然山南大路之北”，就有“设食以供行者”的做法。(《魏书·崔光传》) 东汉和帝时，政府就曾以投宿于客舍既不利保密和人身安全，又有损国家形象为名，下令：全国郡县的上计人员，今后不得投宿于私营客舍，只能投宿于政府的传舍。然而大势所趋，官吏们还是选择客舍。由此，可想象当时的客舍已成为一个重要的社会服务行业，并被纳入国家管理的范围。曹操曾在《步出夏门行·冬十月》一诗中称赞客舍：“逆旅整设，以通贾商。”

晋代，私营客舍险些遭遇一场灭顶之灾，是西晋一位著名文学家“美男子”潘岳拯救保护住了民间的客栈业。入晋后，中原地区交通沿线客舍办得繁盛且符合行旅者的需要，这在潘岳《上客舍议》中都有描绘。客舍青青如此之好，却有着一个“行路难”相对立者，也使晋政府颇感头疼。行路难，有官府亭传制度的败坏和以交通管理之名巧取豪夺的原因，也有社会纷乱、盗贼蜂起的缘故。《晋书·石崇传》记：在南通交广、西连梁益、北达宛洛、东下吴会的重要商品集散地荆州，以奢靡出名的石崇“任侠无行检”，“劫远使商客，至富不赀”。身为荆州刺史竟有此劣迹，不但不被晋政府查办，却被征召任命为大司农。另，北魏孝明帝时，赵郡李元忠居乡好施舍，颇有名。“清河有五百人西戍还，经南赵郡，以路梗，共投元忠。奉绢千匹，元忠唯收一匹，杀五羊以食之。遣奴为导曰：‘若逢贼，但道李元忠遣送。’奴如其言，贼皆舍避。”从李元忠家乡柏乡到清河县仅两三百里路，五百名戍卒结伴而行，居然害怕被劫，还要依靠豪门李氏庇护。“行路难”可见一斑。当时，政府却认为“逆旅舍本逐末，奸淫亡命多所依凑，败乱法度”，似与行路难有关联，应予以取缔；然后政府每隔十里设一所“官擒”取代客舍，且以客舍收钱。(这里可以看出怕民间客舍“逐末废农”是幌子，想夺占这份肥水才是真意。) 此时，为河内郡怀县令的潘岳抵制了朝廷的敕令，上奏议，提出了不同意见。首先追溯了客舍的历史，接着陈述客舍的作用：现在天下统一，为公事为私事的行人满路，京师附近地区客舍很多，冬天可以取暖，夏天可以乘凉，有粮有草，用具齐全，行人车牛，都可以得到休息供给。并分析：盗贼作案总是趁无人之机，人多的地方就不敢胡来；客舍商店家家相连，盗贼不敢作案；客舍多了反而有利于治安。官办官擒好不好呢？潘岳分析说：不好。行路之人要赶路，一大早要出发，天黑了才投宿，烧火做饭不是很早就是很晚；而官办招待所按常规启闭，服务工作很难适应旅客需要。至盛夏，旅客总爱趁晚凉走路，白天反而要休息，这更是官擒办不到的。且又分析：官擒的关键措施要“差吏掌主”，以为这可加强管理，其实相反，河桥、孟津两处黄河渡口就是例子。那都是官办的，派官吏把守收费，但却常因收费问题闹得不可开交。如让小吏去管官擒，有了这点小权力，也正是给了他们贪污腐化、敲诈勒索的好机会，他们必然变成道上的蠹虫，奸利的老窝。潘岳的奏议转呈后，“朝廷从之”。民间客舍免了一场摧残之灾，广大行旅免于官擒的欺诈之苦。在客栈发展史上，潘岳该是功德不凡的。

古籍文献中，上古至清专门论述客栈的文章，真可用“凤毛麟角”一词。在被誉为“康熙百科全书”的《古今图书集成》里，只收有一篇关于民间客栈的文献，这就是潘岳的《上客舍议》。因其稀贵，在此全文抄录，以飨读者——

上客舍议

谨按逆旅久矣其所由来。行者赖以顿止，居者薄收其直，交易贸迁，各得其所。官无役赋，因人成利，惠加百姓，而公无末费。语曰：“许由辞帝尧之命，而舍于逆旅。”《春秋外传》曰：“晋阳处父遇宁戚于逆旅。”魏武皇帝亦以为宜，其诗曰：“逆旅整设，以通商贾。”然则自尧到今，未有不得客舍之法，唯商鞅尤之，此固非圣世所言也。乃（方）今四海会同，九服纳贡，八方翼翼；公私满路，近畿辐辏，客舍亦稠。冬有温庐，夏有凉荫，刍秣成行，器用取给；疲牛必投，乘原近进，发福写鞍，皆有所聒。又诸劫盗皆起于迥绝，而止乎人众。十里萧条，则奸宄生心，连陌接馆，则寇情震慑，且闻声有救，已发有追，不救有罪，不追有戮，禁暴捕亡，恒有司存。凡此皆客舍之益，而官櫁之所乏也。又行者贪路，告籴炊爨，皆以昏晨。盛夏昼热，又兼星夜，既限早闭，不及櫁门，或避晚关，迸逐路隅，只是慢藏诲盗之原，苟以客舍，多败法教，官守棘櫁，独复何人？彼河桥、孟津，解券输钱，高第督察，数入校出，品郎两岸相检，犹惧或失之。故悬以禄利，许以功报，今贱吏疲人，独专櫁税，管开闭之权，藉不校之势，此道路之蠹，奸利所殖也。率历代之旧俗，获行留之欢心，使客舍洒扫以待，征旅择家而息，岂非众庶颙颙之望。

(上下五千年，中国历史中仅有一篇 411 字的文章写客栈，实在是饭店旅馆业的悲哀。)

在南朝，则出现有“江南多以寺僧停客”的特殊习尚。使节往来，王公贵族旅行，也都寓居僧舍，不与商旅混住。那时佛教正盛，寺院经济迅速膨胀，寺院成为贵族士大夫们乐于栖止所在。这也是“行路难”社会环境所造成的一种世象。然而，寺院停客风气一开，给文人学子及士大夫们的出行提供了方便，故而成俗，延至明清。

（四）邸店总总·私驿欣欣（唐宋元）

邸店作为兼有堆货、商店、寓居功能的客栈，是随着商业的不断发展产生的，南北朝时便已出现，《宋书·沈怀文》有记：宋孝武帝时，“子尚诸皇子皆置邸店，逐什一之利，为患遍天下”。

西晋以来，封建贵族官僚不但求贵而且求富的奢侈之风，越刮越盛。加之隋统一南北，开挖运河，唐社会安定、经济繁荣，所以，至唐代邸店经营已非常普遍。《长安志·八》记有：东市“市内货财二百二十行，四面立邸，四方珍奇皆所积集”；又西市“市内店肆如东市之制”。《两京新记》写一个靠邸店发了家的邹凤炽，“其家巨富，金宝不可胜计，常与朝贵游，邸店园宅，遍满海内，四方物尽为所收。”财大气粗，曾直接向皇帝求买过终南山。由此可看到，邸店已成为唐代商业的重心。

邸店，既经营直接交易，又经营居间交易，还兼有客栈的经营，获利丰厚，故而开设普遍。但邸店本身是一种封建性的行业，因此虽说邸店经营普遍，也多为封建贵族、官僚所把持。如两京之外唐代最著名的都市扬州，因位于水陆商路交点，安史之乱后又是盐铁转运使驻地，总汇东南财赋，故而各道节度使等和京中百官，在此多有置邸店贸易的。致使唐玄宗不得不下令“禁九品已下请资官置客舍、邸店、车坊”等客栈业经营。《全唐文》卷八十一《宣宗禁公主家邑司擅行文牒敕》说：“应公主家有庄宅、邸店，宜依百姓例差役征课。”外国商人在中国开设邸店的也不少，多在广州、扬州、长安等都市，时俗称“胡人店”、“波斯邸”。其中最有势力的是阿拉伯和波斯的商人，主要经营珠宝玉器等。《太平广记》卷四百二《宝珠》条引《广异记》有“途次陈留，宿于旅邸，夜闻胡斗宝……”的记述。

邸店总总，繁盛且混乱，已发展到前面所说富商邹凤炽与皇帝谈起交易的严重失控状态。唐政府只好用增加税收和近乎于强盗行径的掠夺，来扼制官商和权钱交易之邸店的发展。但邸店至宋不绝。宋代董弅《闲燕常谈》有记：“何执中为首台，广殖赀产，邸店之多甲于京师。”

馆舍和邮驿，在历史发展过程，总处在合而分、分而合的交替运行的状态中。隋唐时，继续发展南北朝的馆舍邮驿合一的制度；入宋又将二者明确分开；元时，便又回到一种混沌状态。

隋文帝时，因与突厥及西域诸国友好往来密切，在长安建置蕃客馆专门接待其使者。隋炀帝时，在东都洛阳建国门外又建四方馆，以待四方使者；大运河开凿后，河旁筑御道，栽植松柳，且三十里建一驿，六十里建一馆，建筑豪华。

唐时，因驿馆既送公文又接待过往官吏，所以国家在诸条道路上不再另建馆舍，这样除都市建有宾馆外，在一些道、州、县也建有专门用来接待使臣宾客的馆。其豪华程度不亚于驿馆，唐兴县有一客馆，当时有人撰文描述："崇高广大，逾越传舍……回廊南注，又为复廊。"陈鸿在《庐州同食馆记》中描述道：合肥郡城南门东上有同食馆，因年久失修，遂伐木陶瓦，"磨旧础，筑新墉，乃丰宾堂，乃峨前轩，怒桷虬虬，层栌牙牙，中回洞深，高檐腾掀，阶间容揖让，楹间容宾盘，柱间容乐工，屏间容将吏，左右为寝室更衣之所，朱户素壁，洁而不华，东西厢复廊环绕。又西开下阁，作飨舍厩，宏大中敞；作南门，容族旗驷马。北上作丁字亭，亭北列朱栏，面城墉。其下于沟开导通水，因古岸植竹树，为风月宴游地。东南通会稽、朱方、宣城、扬州；西达蔡、汝、陆，行抵京师。江淮牧守，三台郎吏，出入多游郡道。是馆成，大宾小宾皆有次舍。开元中，江淮间人走崤、函、合肥、寿春，为中路。"同食馆，规模宏大，建筑齐全，可谓唐代地方上宾馆的典型。唐太宗时，在京师敕令各州县也专门建造邸舍，接待各州县进京公务人员。为互通信息，邸舍还创办了《邸报》，报道京师动向给各地。

宋代，把馆驿与邮递明确区分开来，在古代交通和客栈发展史上，这一改革措施令人注目。分开后，邮递专管政府通信事宜；馆驿则主要负责接待各级各类公务人员，类似于后世的政府招待所。宋代的馆驿，分为几个不同的等级和层次。国家一级的高级迎宾馆，招待来自四邻国家的使节。北宋都城汴梁（今开封），建有四所大型宾馆，其中接待北方契丹使者的叫“班荆馆”和“都亭驿”，接待西北西夏等少数民族政权使臣的叫“来远驿”，接待更远的今新疆地区和中亚的交州、龟兹、于阗等地来宾的叫“怀远驿”。到了南宋都城临安（杭州）也建有“国宾馆”性质的“都亭驿”接待各国使者，还有“怀远驿”接待外国商人。另外还建有招待各地来京官员的宾馆，如“樟亭驿”、“北郭驿亭”以及三桥址和沿西湖一带的其他宾馆。地方一级的馆驿也很华美，且管理井然。赵匡胤曾要求各路各州各县的馆驿尽力作好接待工作，“欲使人无旅寓之叹”。今陕西扶风，宋时曾动用三万六千个民夫，用木石达二十万巨款而修造的“凤鸣驿”，宋朝大文学家苏东坡曾住过，并写有一篇散文《凤鸣驿记》，描绘说：“视客所居与其凡所资用，如官府，如庙观，如数世富人之宅，四方之至者如归其家，皆乐而忘去。将去既驾，虽马亦顾其阜而嘶。”看！驾车之马都恋恋不舍。南宋人毛开所记和风驿更为细致：“为屋二十四楹，广袤五十七步，堂守庐分，翼以两庑，重垣四周……门有守吏，里有候人。”真可谓“宾至如归”啦。馆驿建设，统治阶级以为国政之一，由此可观国之兴衰，因此，地方官对此皆作为一方行政“窗口”来办。《东轩杂录》记有一事：景德年间，有位寄禄官范延贵，押兵过金陵。金陵太守张咏问他：“你远道而来，曾遇到好官没有?”答道：“前天从袁州萍乡县路过，县令张希颜虽未谋面，但知是个好官员。”“何以见得?”“我自进入萍乡县界，看到那里驿传道桥都修缮得很好，土地开垦种植得也不错，没见到偷懒不干活的人；县城里没有赌博的，市场上没有喧争斗殴的；夜宿馆驿，更鼓分明，一切都有条有理。看来一定是个好官员。”张咏听后很高兴，称赞范延贵识才。遂后把他和萍乡县令张希颜一起推荐给皇上。皇上重用了他们俩，二人成了一代能吏。此事可看出，政府对馆驿建设的重视。

元朝称“驿传”为“站赤”，是蒙古语的译音，严格地讲，“驿站”这个词，是从元代才开始的。站赤的职能，也是传递文书和接待使客。组织规模极大，跨欧亚大陆。著名的欧洲旅行家意大利人马可·波罗元初来到中国，在中国游历了十六七年，回到故乡，用口述的方法著述了《马可·波罗游记》，书中他根据自己亲历亲闻叙述了当时的驿站：

> 元政府在全国各地普遍地设立驿站，房屋高大宽敞，足够使用。驿站房间设备齐全，陈设豪华，被褥床帐全用丝绸绫缎制成。住进这样的房间，你根本不用发愁会有什么需要得不到满足。有的驿站，一式的大房间就有一百余间，雕镂彩绘，即使国王住进去，也不会显得简陋。

马可·波罗这里记述的该是走出大都国门的第一站，因受元政府高度重视，规模庞大而豪华是很自然的。其实，元代外地的驿站也是颇讲究的，如虞集《南浦驿记》所记的大都至广州使节路上的小小南浦驿馆，占地长 144 尺，宽 72 尺，“作堂其中，九架者三间；其前轩，崇广如堂而杀；其架之四堂，左右有翼如堂之深。左右廊五架者八间，皆有重屋大门；七架者五间，庖厩井厕。”远在今福建省的小小一个驿站，还修有如此配套的堂轩廊厢、庖厩井厕，崇门飞檐，煞是壮观。

私驿可谓应运而生。一是唐代为封建王朝的极盛时期，泱泱大唐帝国的人员交流、物资交流、信息交流都是前所未有的，商旅“远行不劳吉日出”，可以“不持寸刃”而走遍天下的，这安定的社会环境是其首要的因素；其二，这一时期，政府的驿站既递送公文又接待过往官吏，馆舍职能消减了，在诸条道路上国家便不再另建馆舍，这样，内地三十里一驿还可，稍偏僻点儿的地区，五十、八十乃至百里才见一驿，便给行旅之人许多的不便；因此，民间的私驿便在此时格外兴盛起来。私驿，要一家客栈在交通线上有许多分号，要有交通工具，至唐，民间客栈已发展到这一程度。道路冲要地区，有很多客栈，“具酒食以待行人”，而且有“驿驴”供赁用。

图1　驿驴图
（选自明天启刊本黄凤池辑刻《集雅斋画谱》行旅图）

《通典》卷 7 记道：唐全盛时，“东至宋汴，西至岐州，夹路列店肆待客，酒馔丰溢；每店皆有驴赁客乘，倏忽数十里，谓之驿驴；南诣荆、襄，北至太原、范阳，西至蜀川、凉府，皆有店肆，以供商旅；远适数千里，不持寸刃。”（见插图 1）唐代定州人何明远家豪富，主管官家三驿，他就在驿站边建造客栈，接待商旅，这官驿旁的私驿，给他盈得巨万资财。修建客栈，办私驿，很是有利可图的，商人富豪纷纷投资开店，有的不惜花大价钱修建客栈。长安城有个叫窦义的，看好了长安西市以南紧靠交通要道的十几亩洼地，这地人称“小海子”，可想见低洼的程度。他买下了这片没人要的洼地，地当央竖一标杆，挂一个幡子，声言谁投中幡，给一个煎饼团吃。城里的小孩子拣了瓦砾争着去投。不到一个月，这片洼地积满了瓦砾。可是用煎饼团换来的，其费用也可观。平整好了，造起二十间的客栈，投宿的人很多，每天收入亦谓可观。

在城镇所设的民营客栈，这一时期也呈欣欣向荣的景况。南宋时的都城，私营客栈遍及全城，多设在闹市区、西湖沿线以及江干、城北等。如引发爱国诗人陆游写出“小楼一夜听春雨，深巷明朝卖杏花”名句的旅邸，就在砖街巷，即今杭州孩儿巷。还有吟出“山外青山楼外楼”的诗人林升所寓旅邸，就在西湖边上，该诗当时就题在旅邸的壁上。

另外，至南宋，不仅各种等级的客栈竞相开业，妓院也整条街巷地一家接一家开业了。宋元时，野店、黑店增多。

（五）公馆依然·会馆风行（明清）

> 古者重宾客之交，故诸侯列国皆有舍馆以纳宾。高门宇，厚垣墙，塓宫室，缮厩车，平道途，有司者以时视其废缺而谨修之，当是时，以是观政之得失与国之兴替。

这是明中叶时称“贤相”的谢迁在《天长县公馆记》一文的开篇话。这位官至少傅、兵部尚书兼东阁大学士的朝廷大臣，是深知国家所设馆舍在封建社会里的重要作用和意义的。明时虽有宦官对驿传馆舍的肆虐，但公馆的修建则是不敢有误的，因为它依然是国政之一。谢迁记中又说：“今四方郡邑亦各有公馆，如古列国之制”。天长县公馆便是一例，天长县为江淮之冲要，往来者无虚日，知县郑君仁认为旧馆太简陋，便重新建造。新馆前为厅堂，后为燕息之所，东西有夹室，左庖右湢，以及仆从车马之所寓，罔不完固。栋宇窗牖，皆极坚好。大厅之前，栽植松柏，周以垣墙，风雨无虞。客至者欣欣子于，止宿留憩。

明时，如宋也建设了一些接待外国使节、商旅的驿馆。南北二京的国家宾馆称为会同馆。永乐年间，还在广东设怀远驿，福建设来远驿，浙江设安远驿。仁宗时，还特赐孔子嫡裔子孙，世袭“衍圣公”一所公馆。《典故纪闻》卷 8《衍圣公馆》条写道：衍圣公来朝，以前都是停宿在民间客馆。仁宗即位，孔彦缙入贺，仁宗便对侍臣说：“四夷朝贡之使至京，皆有公馆，先圣子孙乃寓宿民家，何以称崇儒重道之意?”于是在东安门外赐一公馆，供衍圣公及家眷、属官来京居住。至清顺治三年，世祖爱新觉罗·福临改在太仆寺街赐衍圣公一座大的公馆。公馆，厅房三间，楼房三间、楼前东西配房各三间、上房五间、上房东西配房各三间、后邻街房八间、楼东头房三间、东穿房三间、后上房三间、厅东头房四间、厅前东配房三间、东马栏上房三间、东马栏西配房五间、东马栏东配房三间、楼西头厨房二间，计门厅楼房百余间。全国交通干线通衢大道上，都设有政府的招待所——驿传。驿传地方称水马驿，是送往迎来的机构。文人墨客会聚之所，一般设在当地名胜游览处，条件较好。

会馆的出现、发展与兴盛，是沿着明清两代社会历史演进轨迹进行着的。不管说它是同乡组织，还是说它是同行组织，以馆址的房屋供同乡、同业聚会或寄寓这一点是一致的。会馆，实际上就是同省、同府、同县或同业的人在京城、省城或国内外大商埠设立的机构。主要用以士子会试、商人客寓之用。

会馆，似可以说是兴于官吏，盛于商人。源起可上溯到明永乐年间，民国时期《芜湖县志》卷48《人物志·宦绩》这样记载：

> 京师芜湖会馆在前门外长巷上三条胡同。明永乐间邑人俞谟捐资购屋数椽并基地一块创建。
>
> 俞谟，字克端，永乐元年选贡，任南京户部主事，转北京工部主事，在京师前门外置旅舍数椽并基地一块，买自路姓者，归里时付同邑京官晋俭等为芜湖会馆。正统间路姓后人构讼争地，谟子日升持契入质，断归芜湖会馆。至今公车谒选胥攸赖焉。

这是目前所见到会馆出现最早的记载。它告诉我们，会馆初为京官俞谟买地建造旅舍，供亲朋寓居之用的，归乡时再捐赠出成芜湖会馆；在公馆寓居的为公车谒选的芜湖人，且为同籍官绅聚会之用。在官绅的积极倡议下，会馆渐渐普及开来，如“北京正阳门外东河沿街，背南面北，其一在左，明永乐间邑人吏员金宗舜鼎建，曰浮梁会馆”（清乾隆《浮梁县志》卷七《建置志》）；“永乐间王大宗伯忠铭、黎铨部岱与杨版曹胪山所倡建”广东会馆，“厥后会馆改建于达摩厂”（清同治《重修广东旧义园记》）。明中叶至清咸、同年间，社会经济积累增加，商业活动不断扩大以及人口频繁流动等因素驱动，商人开始涉足公馆，并使之兴盛起来。会馆发展兴盛时期，几乎遍布于全国各地，北至东北、内蒙古、甘肃等地，南至闽、粤、台直到海外，东至沿海，西至新疆。京、省大量集中设置，府州有，县镇一级亦有。如北京清时有会馆 455 所；汉口这个清以后才兴盛起的城市就有 123 所会馆、公所，而当时只为一个镇市。这一时期，与会馆并存、小于会馆规模的公所也逐渐增多。清咸、同以后，会馆日渐衰落。至 20 世纪 50 年代中叶全部结束。会馆的建置，一般为正殿、附殿、戏台、看楼、义园、议事厅、住房等，有的还设有私塾和医院。如：天津北马路万寿宫胡同，清乾隆十八年（公元 1753 年）建有豫章会馆一所。豫章即江西省别名，故又俗称江西会馆。坐北向南，正门在北马路，旁门设万寿宫胡同，有大殿一座，东西酒楼各一幢，罩棚池子一座，池子前为戏台，东西平房数间，前院廊子西南有长班室、厨房、厕所等，院内有棵古树蔽日参天。后创办旅津小学一处。出租的房屋220间，义地20.67亩，义庄一处在宜兴埠二道桥。扬州的湖南会馆，系扬州的湘籍盐商想以这所豪华建筑献媚于曾国藩的，曾氏惧清廷之忌不敢受，而转赠湘籍同乡作为会馆的。湖南会馆原为太平天国某王府，太平天国失败后，湘籍盐商集资重新翻造。大门在南河下，后门花园巷，西濒居士巷，东接江西会馆，占地数十亩。前后两部分，靠南部分，大门三楹，南河下、居士巷交接处立石砌大牌坊，街对面则为湘园，湘园东侧为多幢住房，供湖南旅扬同乡穷困者免费居住。大门以内，则为正式房舍，有祠堂、议事厅、住宅，仿《红楼梦》荣、宁二府模式兴建。后半部则由长巷相通连，门上有供奉黄大仙的“大仙楼”，门两侧有壁雕数幅，东边首幅为后部建筑总图，题为“大观园图”。后部建房数百间，正屋为两幢楼房，余为平房。建有一大厅，可设数十桌筵席；有小花厅五间，均可容筵席四五桌。厅前有戏台，台后有十间化妆用房。住房房群，大则数十、小则四五间，各房群皆有花园，整体则以假山相连，中以流水曲桥相通，假山与房舍间建有长廊，以朱栏围之，沿长廊而行可至全园各处。每一住宅房舍均悬匾额、楹联，如“二分明月楼”，取意“天下三分明月夜，二分无赖是扬州”；“潇湘竹院”里翠竹掩隐；“梅花草堂”院四遭遍植春梅、腊梅；“水深”建屋于水上，隐约可闻流水声，屋中天井为一鱼池；“石屋”最奇，入门处似一石洞，越入内越宽大，四面皆石，在内建屋七八间，且有楼屋二间，至楼似无路，楼后辟一小门，沿阶而上，竟达离地面约 20 米的花神庙上之望月亭，给人以“疑无路”、“又一村”之妙趣。此举一二例，不知可见风行明清会馆之一斑否？

除会馆外，这一时期另外的私人客栈以各种各样形式开设着，建在城镇和要冲的，大多屋宇宽敞，有的还是楼式建筑，在村郊野外道旁的都较简陋。如清末 1901 年京城，由两个外国人开设了北京饭店，初在东单菜市西邻，前院是三合房，东厢房为酒柜，西厢房是客厅，北上房是大餐厅；后院是 20 多间的客房，分单人、双人房，布置半中半西。1903 年迁东长安街铁路局以西那座红砖楼房内，计房 48 间，生意由小而大。这便是今之北京饭店的前身。清末的上海，在洋泾浜北岸松江路，建有一些较大的客栈，如泰安栈、全安栈、长春栈、谦益栈等。泰安栈在嘉记弄内，有官房 24 间，客房

120 间。称旅馆的客栈，多在汉口路、福州路、浙江路以及天津路一带，规模均不及泰安栈，如昼锦里的苏台旅馆，只有官房 3 间，客房 10 间。更小的旅馆在广东路上，有新大亨、宏陞等。上海由外国人开设的客栈，最大的是黄浦路上的礼查饭店，创设于 1860 年，有餐厅、酒吧等，客房分五等，为今浦江饭店的前身。偏僻简陋的茅店鸡毛房不再赘述，有明人旅居诗可资体味，“茅屋三间白板扉，楼墀四壁叹多违。”“草深孤馆蛙声急，雨过高城树色幽。”

（六）现代饭店业崛起

中国古代客栈发展的最大特点，就是国营和私营两种形式并存，二者相辅相成，已成格局。进入近现代，客栈业走了一段曲折的路，到了 20 世纪的 80 年代，才有了真正现代化饭店的崛起。

20 世纪二三十年代，豪华大饭店开始出现。1928 年，在上海翻造了沙逊洋行大楼，建成了一座 13 层钢架结构的大厦，名为：华懋饭店。3 楼为沙逊洋行办公楼。5 至 7 层为客房，布置 9 个国家风格的装饰和家具设备，5 层为德、印、西班牙式，6 层法、意、英式，7 层中、英等式。8 层设中国式餐厅、大酒吧和舞厅，9层为夜总会、小舞厅。1931至1933年间又建国际饭店，高86米，地下2层，地上22层。1楼为四行储蓄会营业厅，2楼是饭店，4至13楼为客房，14楼也是饭店或舞厅，15楼以上为长住客房，22楼为机房、水箱等。著名的百老汇大厦，建成于1934年，今称上海大厦，双层铝钢架结构，高76.7米，是旅馆与公寓结合的饭店。2至9层有公寓房间各4套，客房19套；10至14层各有客房15套；15、16层为单间客房，17层是餐厅，18层是英商业广地产公司业主的特别房间。19至21层为机房、水箱等。前面说到的北京饭店，再度扩建是在1917年，向西发展盖了五层大楼，每层21间，计105间，加上原有的48间，计有客房153间，又增设了冷暖设备、电灯、电话，有电梯可直达楼顶花园的舞场、花厅和餐厅。其花园舞厅可容千余人。此时，在边远城市也有大的饭店旅馆兴建。如齐齐哈尔在商业中心区的卜奎大街中段隆福胡同，建起一座驰名省内外的卜奎大旅社，1933年正式营业。卜奎大旅社是一幢仿古建筑，这在30年代洋式建筑风靡之时显得别有洞天，室外画栋雕梁、朱廊曲回，古色古香，室内设置极为讲究，就连茶具也是名贵的细瓷产品。有客房68套，136张床位，分单人间、双人间，四个等级管理，还有餐厅、舞厅、浴室等。这一时期，旅游饭店、度假性饭店雏形式的饭店也开始起步。如饮誉中外避暑旅游胜地的北戴河，是在1912年至1920年间，才建起金山、亚西亚、同福、金城、毕其等旅游饭店，饭店由外商和中国官僚开设，主要接待达官贵人和少量普通旅游者。山东曲阜最早的一家旅游饭店“大通旅社”，开营于1920年，客房12间，为双人间，主要接待来曲阜“三孔”旅游的外国人、侨胞和国内大学生以及古玩商等。

抗日战争时期，客栈业几乎没有发展。

20世纪50年代，客栈业也进行了社会主义改造过程，实行公私合营。

50年代末到60年代中叶社会主义建设新时期，各省市都建有比较高级的宾馆，如北京的钓鱼台国宾馆、友谊宾馆；上海的西郊宾馆；南京的丁山宾馆、双门楼宾馆；武汉的洪山宾馆、东湖宾馆；杭州的西湖宾馆、西子宾馆；长沙的湖南宾馆；广州的东方宾馆、广州宾馆；济南的南郊宾馆，等等。

60年代中期至70年代中期，由于“文化大革命”的影响，饭店业陷于停滞不前的境地。受极“左”思想的干扰，饭店的一些传统服务项目被取消。诸如：取消单间，停止为顾客打扫房间、厕所和送开水等，将这项服务项目斥之为“资产阶级歪风”、“不合理”、“四旧”，还要“工农兵管理商业”。截止 70 年代底，中国各大城市的饭店、涉外饭店 415 家，其中能接待外宾的仅 208 家，客房 317 88 间。

80 年代以来，是中国现代化饭店崛起之时。1978 年开始，中国实行改革开放的政策，有力地促进了经济的发展，以及旅游业的发展，饭店供不应求的问题日益严重。国家和有关部门高度重视，立即采取有效措施。中央和地方将一批接待国宾或国家领导人的宾馆和高级招待所，改作接待外宾，比如北京的钓鱼台宾馆、上海的西郊宾馆、杭州的西湖宾馆、广州的南湖宾馆等。与此同时，引进外资兴建旅游饭店，改革开放以来，第一次引进外资的三个项目，其中两个是旅游饭店，即北京的长城和建国饭店。同时并举的是老宾馆的整顿装修和扩建，整顿装修如引进成套进口客房设备、电脑设备、厨房和餐厅设备等；扩建主要于旧楼基础上增加了新楼，如北京的北京饭店新楼和广州的东方宾馆新楼等。一批设备一流、操作现代化、管理先进的饭店崛起在中国大地上，将中国饭店业推向一个新的发展阶段。如邓小平同志三次下榻过的广州白天鹅宾馆，1983 年 2 月 6 日开张，有 843 套客房、大小餐厅 9 个、容近千人的会议中心，还有海上俱乐部、玻璃音乐厅、星海卡拉 OK 厅、高尔夫球练习场、室外游泳池、网球场、健身房、桑拿浴室、美容中心、商场、银行、邮局等服务设施；于 1985 年被接纳为“世界一流酒店组织”；1990 年 2 月，被国家旅游局评定为中国首批五星级饭店之一；1996 年又在全国百优五十佳星级饭店评比中名列榜首，截至 1996 年算来共盈利 25.37 亿元，13 年赚回了 7.7 个白天鹅宾馆。由此是否可管窥到“中国饭店业的繁荣时期”之一斑呢！

进入 90 年代，饭店业仍处在逐年增长的趋势。1997 年 4 月 4 日中央电视台《早间新闻》报道：改革开放以来，我国累计利用外资 1770 亿元，其中旅游宾馆和房地产业占了 30%。可见国家对饭店业投入之大。到 1995 年底的统计，全国旅游涉外饭店达 3720 座，共有客房 48.6 万间，分布于 30 个省、自治区、直辖市，位居前十名的是：广东 962 座，北京 262 座，江苏 204 座，山东 173 座，浙江 165 座，湖北 159 座，四川 148 座，云南 138 座，海南 135 座，安徽 118 座。在 3720 座旅游涉外饭店中，2478 座国有饭店，占总数的 66.6%；423 座集体所有饭店，占 11.4%；393 座外商投资饭店，占

10.6%；253座港澳台投资饭店，占6.8%；这四种经济类型饭店共占全部饭店的95.4%。此外，还有82座股份制饭店，48座私营饭店，43座联营饭店，三者占全部饭店的4.6%。另有一份统计说：到1993年底，全社会旅馆网点达30万家，从业人员200多万人。服务功能上，也由过去仅为餐饮、寓住、商务的功能，增加有娱乐、健身、购物、通讯、交通等。

这十几年的中国饭店业的繁荣时期，又可界定为三个阶段：1984年，全国百家饭店学“建国”活动，标志饭店业初具规模，新旧体制转换，是迈向现代化的标志；1988年，与国际惯例、规范接轨，进行了涉外饭店星级划分与评定，是饭店业发展的第二次高潮；1994年，国家旅游局审批公布了16家饭店管理公司，标志着走向专业化、集团化，此为行业发展第三个里程碑。未来几年里，饭店业将从建立健全法规、标准、规范着手，逐步完善，形成体系。如“饭店”名称目前存在的滥用和随意现象，从最高档次的五星级饭店和国宾馆到一般的旅社、招待所，名称不外乎大饭店、大酒店、饭店、酒店、大厦、公寓、山庄、山村、中心和度假村等，但从名称上任何人也分不清哪家饭店属什么档次的，且一些路边饮食店、餐馆也冠以饭店、酒店之名，造成概念上的混乱和无标准的感觉。有业内专家提出“饭店名称标准化”的提议，他说：① 国家旅游局、内贸部应会同国家工商局制定有关饭店名称的规定或标准；② 对现有已批、已开业的饭店，规定无论涉外和非涉外，统一只准使用饭店、酒店、宾馆的名称，不得冠以他名；③ 涉外与非涉外饭店区分，可参照国际同业惯例或台湾的做法，涉外的统一称作大饭店、大酒店，非涉外的可统一为饭店、酒店、宾馆等；④ 对饮食服务业中只提供餐饮服务的餐馆，规定其不准使用饭店、酒店之称，只能冠以酒楼、酒家、大酒楼、大酒家之称；⑤ 街头路边众多餐厅、餐馆里，只提供饮食的店铺，不得使用饭店、酒店名称；⑥ 对只提供简单食宿条件且不入星级、等级的饭店，只准使用招待所、旅社、旅馆之名称，并据设备、规模大小按三种名称划分，以旅馆为最高级。以此，达到有标准、较科学地区分饭店企业，给寓住者一个概念清晰、标准统一且易于分辨的名称，使其一目了然。有关饭店业的法规标准，将陆续出台，于世界已成第七大行业的饭店业，在中国的繁荣时期将可持续发展的。

三、客栈素描

中国是有 56 个民族，有辽阔土地，且又历史悠久的国家，历朝历代的客栈，一定是林林总总、千姿百态的。

然而，翻阅史书，记述客栈的资料甚少，多为零零散散、夹杂于某志某传某记之中的只言片语。固然，这与历代封建王朝抑商政策有关，也是中国古代史学家历史局限性所致。

应该说，客栈习俗是中国文化的一部分，与中国文化一样有个历史发展过程，又具有较强的包容性与持续性。也与其他行业一样，由粗陋而渐为精细规范，并汲取别业、别国的优秀之风，螺旋上升，终至完美。

叙述客栈习俗，从建置、经营、服务礼俗、娱乐游艺、招幌楹联、信仰禁忌等几个方面，力求多角度、系统地体现其文化传承的风貌。

（一）建置习俗

1. 建置区位

古时，客栈多建在道旁、码头边和城市中心。这一建置区位的形成，是与人类社会活动紧密相关，与交通工具发展状况相互联系的。

自西周，便开始了在道旁造客栈的区位确定。按《周礼》规定：在国都通往诸侯国的大道旁，10 里设一庐，30 里设一路室，50 里建一候馆。秦汉之后，便是在全国交通要道上设亭。亭，那时是馆舍的总称。《风俗通》说："亭，留也，今语有亭留，亭待，盖行旅宿舍之所馆也。"在道旁，每隔 10 里设一亭，人口稠密处便减短亭与亭之间距离，5 里设一亭；人稀地广的区域，间隔加大，50，80 乃至百里设一亭。其实，就是根据现在所说"客流量"而增减的。因此，有"长亭"、"短亭"的俗称。北周时的庚信在《哀江南赋》中说："十里五里，长亭短亭。"至宋，在交通大道上，则每隔六七十里或七八十里，设一座馆驿。私营的客栈至汉魏之时，已在交通和社会生活中占有一定地位了，与官办的馆舍发展程度不分上下，"公私满路，近畿辐辏，客舍亦稠"，便是说道旁私营客栈的。

隋代运河开凿以后，在河畔码头建客栈才兴盛起来。隋时在河岸30里设一驿，60里设一馆。元朝开通京杭运河漕运以后，沿河各城镇在码头附近建置客栈日益繁盛。明清时，沿海的城市客栈业开始大的发展。

政治、经济、文化中心的城市，或经济繁荣或人文环境较好的城市，所设客栈一般较多，反之，则少。

近世，社会生活的变化，机械的交通工具结束了“乘马服牛”的历史，也改变了客栈建置的区位。客栈多建在城市和风景名胜区，交通干线旁已少有客栈建设了。

2. 建筑装饰

古代，客栈的建筑，北方多用土石，南方多用竹木。如《后汉书·蔡邕传》记述，蔡邕避难到吴，告诉别人说：昔日他住在会稽高迁亭，房屋的竹椽从东间数第16根，可以做笛子。由此可知，当时建造客栈的建筑材料，是因地而异的。

客栈建筑样式，在古代是以平房为主的，亭、台、堂、廊、阁、室、舍、厩建筑齐全，回廊环绕、小桥流水、竹树滴翠、台阶宽阔的庭院建筑。如明万历十五年（公元1587年），在北可达真定、顺义，南可通大名、山东等处的广平府，建起的一处馆舍，称荷花馆。此馆建在府城东北莲池之上。正南为门，门外筑甬道通向莲池，架浮桥立一“观莲”坊；池中构木为亭，围以栏杆，匾曰：荷花馆；临池砌砖石，岸畔植槐柳。门内有堂五间，匾曰：旬宣所憩。取义《诗·大雅·江汉》：“王命召虎，来旬来宣。”借寓此处是忠臣良将止憩之所。东西设耳房各三间。堂后又建后堂三间，南北各为卧房三间，东西仍设耳房各三间。东耳房外为厨房三间，西耳房外为小客座三间。四围高垣，正北设后门，门外环基凿为池，植芰荷，池边栽柳，柳下为芦洲，宛如江南一胜地。私营客栈便没有如此铺排豪华了，不过客房、栈阁、马棚、门房、账房、柜房、伙房而已。如香港电视剧《新龙门客栈》所搭建的仿明客栈，店外立一杆高高的风车，客栈门外，上架一长长的栈桥样木棚，长约 10 米，高有一人半。上为晾台，有护栏，朝街一角立一幌，幌如大镰刀样儿，有木架挑悬；下罩客栈门，似可停车架。客栈内，下层置方桌矮凳，供饮宴之用，靠近楼梯半卧地下两个“口子酒”大酒罈。“V”形楼梯，可至楼上客房。客房内，一床、一帐、一桌、一凳、一铜盆、一盆架。

楼式建筑在古代客栈馆舍，不是主流建筑。虽于西周候馆的建造时就有楼，但那时的楼，只供观望之用，不能住人。

大约到秦汉，楼式建筑的客栈，楼上才可以住人了。谢承的《后汉书》中记有：仓悟广信女子苏娥，行宿鹊巢亭，被亭长杀害，取其财物"埋置楼下"。至清，客栈的楼式建筑才渐渐多起来。如天津的安徽会馆建有平房 109 间，楼房为 22 间；天津的浙江会馆有房屋 161 间，其中楼有 40 间。

古时客栈馆舍的厅堂楼阁上，多悬匾额楹联点缀建筑的华美。如前述明朝广平府荷花馆正堂所悬"旬宣所憩"匾，清代扬州的湖南会馆厅堂悬挂的"二分明月楼"、"潇湘竹院"、"梅花草堂"、"洁兰堂"等匾额，再如天津的广东会馆前院大殿的"岭渤凝和"匾等；楹联如汉口的长沙会馆的"隔秋水一湖耳，看岸花送客，墙燕留人，此境原非异土；共明月千里兮，记夜醉长沙，晓浮湘水，相逢好话家山。"再如陕西的湖广会馆的"百二关河，十年征戍；八千子弟，九塞声名。"

现当代的饭店旅馆，则以楼房为主。土石竹木的建筑材料，由钢筋水泥取而代之。建筑设计千姿百态，有摩天大楼式，别墅式、花园式、仿古式等等。多为高层楼房，楼顶设花园，或为旋转餐厅，或为停机坪等，辅助设施有游泳池、高尔夫球场、豪华餐厅、观光电梯、商场、游艺厅、健身房、舞厅等。

3. 功能设计

住宿、饮食、交通工具，是行旅生活所必须满足的，如此才能保障行旅的圆满顺利。

自西周，不论公馆还是私馆，对住宿、饮食、车乘的功能设计都是完备的。按《周礼》规定，在国都通往诸侯国道旁所设庐舍候馆，“庐有饮食”，“路室有委”，“候馆有积”。委，是储存财物；积，委之大者。所谓“委”和“积”，都是提供行旅饮食而准备的更丰富的物质储积。汉时，文帝为给传舍配备马匹，曾下令缩编京师卫队，撤卫将军，压缩太仆寺规模，将节省下来的马匹“皆以给传置”。

战国时，设私馆养士之风很盛。《史记·孟尝君列传》中记这样一个故事：冯驩听说孟尝君礼贤好客，前往投奔。孟尝君将他安置在传舍中，十天后问传舍长：客人在做什么？回答说客人弹着剑唱道：“长铗归来乎，食无鱼。”孟尝君便把他移住在幸舍，这里提供的饮食中有鱼了。五天后又问传舍长，回答说客人又弹剑唱道：“长铗归来乎，出无舆。”孟尝君又将他移到代舍，于是出入备有车乘。又过五日再问传舍长，得知仍不满意，弹着剑又唱。“长铗归来乎，无以为家。”

后来这位冯驩到薛地收债，为孟尝君赢得了民心。“食无鱼”的故事，也说明这样的史实：战国时私人馆舍有等级之分，所提供的功能服务各有不同。下等馆的传舍，只提供一般的寓居和饮食的服务；中等馆的幸舍，除宿的条件有所提高外，饮食档次也提高；上等的代舍，除宿食外，出行可有乘车。(见插图 2)

图 2　孟尝君养士的代舍

选自〔清〕《吴友如真迹人物画集》

在官家的驿站，马牛驴骡骆驼狗等均做过交通工具，而常用的则为马，称“驿马”、“铺马”。而民间客栈，用驴为旅客提供交通工具的服务，盛行于唐代。当时马匹奇缺，价格又高，因此自东西两都至山野僻乡，以至各旱路客栈均有驴出赁。《通典》卷七记：“东至宋汴，西至岐州，夹路列店肆待客，酒馔丰溢，每店皆有驴赁客乘，倏忽数十里，谓之驿驴。”日本国僧圆仁所著《入唐求法巡礼行记》记其从盱眙至扬州的经历，“九驿，无水路，文书笼驮，每驿赁驴运之。”

唐代邸店的兴盛，使古代客栈增添了商务功能，邸店设有货栈、议事场所。至明清的会馆，在会馆内专设用于商务的议事厅、仓库、罩棚等。

现代饭店旅馆，除寓住、饮食、商务、交通等功能外，增加了通讯、娱乐、健身、购物等多方位立体化的服务功能。

4. 奇特客栈

建置区位、建筑装饰特殊的客栈，有许多。如泰山南天门上的天街客店、泰山斗姥宫客舍、温泉宾馆、帐篷旅馆、洞府旅馆、农舍宾馆等。下面分别述之：

(1) 泰山天街客店

登泰山，过升仙坊，入南天门，便到了天街，清末民初时天街上有二十多家小店，石墙茅顶，一色的没两样。规模大点儿的五六间，小的只一二间房，白天卖香烛元宝，晚上供朝山香客住宿。店门口均挂木刻招幌，有笸箩、金牛、鹦鹉、鞭子、金钱、棒槌、金钟、响蛋等；别家用重复的招幌，就以双数区别，如双升、双鞭、双棒槌、双牛、双钟、双钱等。招幌为圆雕，着漆，较精致。客店因这些招幌而得名，分别称笸箩家、金牛家、鹦鹉家、双升家等等。这些客店都是子承父业的老店，以至在泰安人中以天街客店构成一歇后语："天街上面头一家——你笸箩家（你别价）。"（泰安人读"别"为bó）

各店门前都挂有笊篱实物幌，笊篱是捞面条的炊具，意为本店备有清水素面，供上山进香期间清斋素食的香客饮食。天街客店的规矩不收房钱饭钱，只收香火钱，其实都在香火钱里找齐了，面子上好看，主客又都觉方便。从前朝山进香的人，登泰山上过一次香，就要年年来，不然怕泰山老奶奶怪罪心不诚；再加上店主服务周到，第二年香客还来找老店宿住。各店都有自己的老主顾，并不相互争买卖。

(2) 泰山斗姥宫客舍

由岱宗坊登山，过红门，穿万仙楼不远，即有一古庵，此便为斗姥宫。斗姥宫创建，就是为官宦人家女眷登山上香休憩而设的。据原斗姥宫住持讲，明时有个皇后来泰山降香，泰山盘道两侧，不是和尚庙就是道士观，她和女眷们连个休息更衣的地方也找不到，极不方便。皇后建议在泰山建一尼姑庵，作为女人憩息的地方，皇帝同意了，即从北京西城天仙庵选了一位法名心海的尼僧来到泰山，将原龙泉观改为斗姥宫。兴起了香火，也有了招待有身份人饮食休憩的客舍。

待客的客舍颇讲究，《老残游记》续集残稿第一回中有过描述，“北屋中间是六扇窗格，安了一个风门，悬着大红呢的夹板棉门帘。两边两间，却是砖砌的窗台，台上一块大玻璃，掩着素绢书画玻璃挡子，玻璃上面系两扇纸窗，冰片梅的格子眼儿。当中三层台阶……走进堂门，见是个两明一暗的房子，东边两间敞着，正中设了一个小圆桌，退光漆漆得灼亮，围着圆桌六把海梅八行书小椅子，正中靠墙设了一个窄窄的佛柜，佛柜上正中供了一尊观音像，走近佛柜细看，原来是尊康熙五彩御窑鱼篮观音……龛子前面放了一个宣德年制的香炉，光彩夺目，从金子里透出朱砂斑来。龛子上面墙上挂了六幅小屏，是陈章侯画的马鸣、龙树等六尊菩萨像。佛柜两头放了许多大大小小的经卷。再望东看，正东是一个月洞大玻璃窗，正中一块玻璃，足足有四尺见方。四面也是冰片梅格子眼儿，糊着高丽白纸。月洞窗下放了一张古红木小方桌，桌子左右两张小椅子，椅子两旁却是一对多宝橱，陈设各样古玩。”斗姥宫待客的饭食中，有一种泰山豆腐面，选用“泰山三美”之一的豆腐，切为丁，与苔菜段、木耳、笋片、茭白、绍酒、酱油、鸡蛋等一同作卤，人工擀切面条，煮后浇卤，风味别具。

当时负责接待的都是年轻的尼姑，据说当官的忌讳上任时遇见尼姑，而东岳泰山又恰恰是上任新官常来之地，所以斗姥宫尼姑待客时，倒像常人打扮。《泰山小史》有记：“幼尼皆妙婉秀丽，解文字，衣装如美少年，其室宇陈设，饮食供客，极其豪奢，故游客多乐而忘返。”

(3) 杭州寺院山房

南宋时，京都的杭州每逢香讯、旅游旺季或科举考试期间，城内外客栈均客满，各大僧寺、道观的空屋闲房，都要设榻搭床，开临时客舍，名为山房。《西湖老人繁胜录》记：当时在仙林寺、明庆寺、昭庆寺、报恩寺、无真观里，每岁都要增设临时榻位，权作旅舍。

(4) 温泉宾馆

是建筑在温泉旁可供温泉洗浴疗养的馆舍。全国有多处，如新疆博尔塔拉河上游的温泉县、河南汝州市温泉街、湖北咸宁市温泉镇、广东从化区温泉乡、贵州息烽县和绥阳县温泉乡等均设有这类宾馆。

最著名的，要数陕西省临潼区城南骊山北麓的华清宫。是秦始皇时所建离宫，称神女汤；唐贞观时建汤泉宫，咸亨二年（公元 671 年）改名温泉宫，天宝六年（公元 747 年）再行扩建，改称华清宫的。现成为游览、疗养的极佳去处。

山东省威海市区多温泉，俗呼为“汤”，明人就已发现，20 世纪初开发，称为“宝泉汤”。如今，在宝泉汤旁建起一座四层楼房的宝泉宾馆，旅客在此下榻，每天可作温泉浴。

(5) 帐篷旅馆

在青海湖靠近公路的边上，建有一座帐篷旅馆。赭红色的月亮墙，随处可见的吉祥八宝图案，室内天花板为五彩布幔，系着三色哈达的银制雕花酒壶以及银碗、龙碗，都体现着鲜明的青藏高原的特色和风采。帐篷旅馆内，客房外，还设有多功能综合厅、购物中心、藏医康复中心、餐厅等，还辟有赛马、射箭、乘船、游湖、民族歌舞、篝火晚会等活动。

随时可欣赏青藏高原明珠的青海湖的风光，又可在富有高原风情的帐篷旅馆里领略藏族的民风民情。

(6) 洞府旅馆

所谓洞府旅馆，就是在风景区的天然山洞中开设床位供游人住宿。在浙江省乐清县中雁荡山上，就有两处别开生面的洞府旅馆，一为水帘洞旅馆，一为玉虹洞旅馆。共有床位40个。因其独有的风格和情趣，颇吸引游人。游人喜欢它洞高宽绰，光线充足，空气清新；又常年恒温，冬无寒风，夏无酷暑；再妙趣天成，洞奇石美，住宿中随时可观赏。

水帘洞旅馆，在西漈之畔，环境静幽，有充足的天然“自来水”。宿于洞中，耳边水声、松语，时急时缓，合成交响，宛如绝妙催眠曲。玉虹洞旅馆，坐落在海拔600米的玉甑峰上，是登高放眼的主要观景点。

(7) 农舍宾馆

农舍宾馆，大体有三种类型，一是为民俗旅游而辟农舍所成的；二是中国农村榜样典型之地的农家客舍；三是仿农舍风味的宾馆。

山东省安丘县石家庄是较早开办民俗旅游的村，让旅游者在村里吃农家饭，住农家屋，做农家活，随农家俗。所辟的农舍宾馆，即现成的农家房舍。威海市环翠区远遥村，农民自愿办起的“家庭宾馆”，是颇受观光游客青睐的。这个有400多户人家的半渔半农村庄，农民利用自家现成宽绰的房子，接待游客，像待亲戚一样待承他们，做传统饭菜给他们吃。一位美国老太太住在一户“三世同堂”的家庭里，亲身感受到中国尊老爱幼、幸福和睦的家庭气氛，含泪说：“我要在有生之年，争取多来这里享受中国的天伦之乐。”

在江苏省长江南岸不远处，有个华西村，它是中国当代农村发展的典型，最早进入小康水平的村庄，这儿从 80 年代末，就在村政府和无锡市旅游局协助下，由农民自愿开办起了农家旅舍。那时，一般的农家旅舍，每户只接待两位客人。客人和主人，同家住，同桌吃。四菜一汤两个冷拼盘，纯粹家乡味。做旅舍的农家房两上两下，钢筋水泥结构。屋后有小天井。天井后面是厨房。天井里有遮风雨走廊。进门第一间，是客厅，也是客人的餐厅。有吊扇，有冰箱。客房在楼上，两间朝阳的房子，玻璃门窗，地上铺着花色塑料板，家具上着蜡刻。一般配有沙发、落地风扇和彩电。华西村的农家旅舍，房子结构基本相同，辟为客房的房间也大致相同，但各家室内布置，是各具特色，各有千秋的。但有一个共同点：中国农家味。

生产“秦池古酒”的山东省临朐县城中，有处宾馆，叫沂山茅舍。临朐县在沂山之阴，沂山是沂蒙山主脉，临朐地方有着浓浓的沂蒙山区风情。沂山茅舍，外观装饰成沂蒙山区农舍的模样，内部陈设也追求山东民间风格，置身宾馆中，确有回归乡间农家之感。

（二）经营习俗

1. 公办客栈

周代，馆舍分三个等级，一是馆，二是寄寓，三是施舍。负责经营馆舍业务的是野庐氏，为秋官司寇的下属。另外，负责周王巡视沿途馆舍之事的是掌舍和宰夫；负责接待重要使臣的是大行人；负责接待诸侯朝谒的是小行人。野庐氏掌管都城到京畿五百里内的全部交通事务，要使各地庐舍候馆囤积足够的车马粮草，贮积大量交通物资，以备不时之需。还要保证道路通畅，使宾客安全通行。除为宾客、使节、军旅通行时提供食宿外，还要安排附近居民轮流值夜，击柝巡逻，以警非违。不许围观外宾，有尾随围攻者还要查办。发现舟车堵塞要负责调度指挥，及时疏通，“叙而行之”。平时里，要组织人力检修车乘，平整道路，扫除杂物，整修桥涵沟渠，稽查过往行人与商旅，严禁无证通行，严禁携违禁品和危险物出入境。

庐舍候馆经营井然有序。不论外部环境，还是内部服务，均井井有条，使宾入有如归之感。周政府要求植树于道旁，以标明道路走向；各地庐舍候馆要准备好饮食，要有专供放牧马牛的草场，边境线上设置候望人员。如别国宾客来，关尹要及时汇报政府，并讲明入境者的身份、人数，派出行理官手持国家符节代表政府前往迎接，候馆中迎送宾客的官吏候人充当向导，卿士代表国家迎到郊外劳问，守城门兵士除去门禁清扫道路。宾客入城后，宗祝举行欢迎仪式，司里安排宾馆，司徒带领徒役听从差遣，司空巡察道路，司寇负责警卫。宾客住下后，掌山泽苑圃之官虞人运送木材，掌薪柴之官甸人积聚薪柴，火师负责照明，水师负责端汤沐浴，膳宰负责饭菜，廪人准备好米面，司马准备好饲料，工人士负责检修车具。《左传》中也记：馆舍宫室，诸侯宾至，甸设庭燎，仆人巡宫，车马有所，宾从有代。《周语》称赞说："宾至如归，是故大小莫不怀爱。"

秦汉魏晋之时，官办的客栈，有传舍、亭和馆。秦时，《秦律·传食律》就规定了传舍的经营规则：传舍的责任，就是给各级各类在途公职公务人员提供食宿条件和交通工具。接待标准，按在途公职公务人员身份级别给予不同级的服务。

传舍降低或超标准提供服务标准的，要受到行政处分。传舍开支要定期结算，有余上交国库，不得截留。对索取超额供应、破坏传舍设施、挪用传舍车马用具、使用传舍设备不得法而有损耗者，都要依情节查处，给以罚金或刑惩等处理。汉代，在全国大中城市，尤其是郡国首府与交通冲要地，也遍设传舍，配房舍与厩厨车马，供国家官员与使节以及政府特命征召的贤士名人使用。传舍规模很大。如长安传舍，刘秀即位时曾令其准备 10 余万人的膳食，由此可见一斑。传舍又是一个庞大的实体，人员多，分工细，服务周到。负责传舍经营业务的称传舍长。传舍接待来宾，是严格按照规定，查验符传，根据客人报明的身份爵级给予相应接待的。下述一则实例可管窥到传舍的经营规则：西汉末，天下大乱，刘秀跟随更始帝刘盆子起事，得令到河北一带发展势力，来到蓟城（今北京）。此时，有个王朗冒充汉帝宗室据邯郸称帝，并传檄各地缉拿刘秀。蓟城传得沸沸扬扬，都说有“邯郸使者”来了，要捉拿刘秀。刘秀一行不敢再耽搁，连夜南逃，至饶阳时已人困马乏，刘秀灵机一动，率领随从自称“邯郸使者”，到饶阳传舍要求接待。传舍长连忙送上饭菜，刘秀一行便争抢着大吃大喝起来。这引起了传舍长怀疑，但又不敢径直查问“使者”，他便猛擂大鼓，通知传舍所有人员：“邯郸将军即刻来到，各自做好接待准备！”刘秀一伙大吃一惊，打算逃跑。但刘秀转念一想：如果真有邯郸将军来，逃也逃不掉。于是索性坐下来慢慢吃喝，并对传舍长说：“待将军来了，我们可以见一见。”待吃饱喝足，也没见什么将军的影子，刘秀便招呼随从起程。传舍长早看出破绽，忙命传舍门长关上传舍大门，“别让这伙冒牌货跑了！”传舍门长却大敞其门，说：“现在天下大乱，鱼龙混杂，还不知谁胜谁负呢，关他干啥！”放刘秀一行扬长而去。

与传舍相配套，在基层则设亭，规定接待邮夫和一般商旅吏役。其实亭所接待的对象很宽泛，上至皇帝，下至普通百姓。如《续汉书》记有：“灵帝到夏门亭，使窦武持节，以王青盖迎入殿中。”老百姓借宿的也不少，但常遇“店大欺客”的情况。如《东观汉记》讲有一则：赵孝从长安来，行至一亭，“欲止亭，亭长难之。言有贵客过，扫洒不欲秽淤地。良久，乃听止。”“客大欺店”的情况也不少见。《魏书·甄琛传》记，后魏侍中甄琛的长子秘书郎甄侃，“以酒色夜宿洛水亭舍，殴击主人”。

亭的负责人称亭长。亦称负弩，借上古迎接贵宾的背负弓箭开路先行礼仪之义；亦称亭父，亭有两卒，一为亭父，掌开闭洒扫之职，另一为求盗，管缉捕盗贼；又称亭吏。因亭是由先秦的一种地方行政组织演变而来，亭长亭卒，有着劾盗、治安以及平讼等职责，接待来往宾客时为兼理。

亭长接待客人，履行手续严格，无证件和身份不明的客人不予留宿。因此在亭舍便有了许多的人生悲剧的发生。《汉书·王莽传》记述了一个真实故事：大司空夜过奉掌亭，亭长问是什么人，对方以官名相告，亭长让他拿证件来看，对方生气，用马鞭抽打亭长，亭长便杀了对方。王莽知此事后，表扬“亭长奉公”。《十六国春秋》记后燕的慕容垂，一日请求进邺城，没有批准，他便化装后偷偷而去，天晚想进亭投宿，吏不准，慕容垂一气之下，斩杀亭吏，烧亭舍而去。

驿亭还有着停放客死者灵柩的服务。如唐代杜甫《哭李尚书》诗：“客亭鞍马绝，旅榇网虫悬。”旅榇，就是旅居之地停放之灵柩。

至宋代，因馆驿与负责通信的递铺完全分开，仅履行政府招待所的职能，所以制订了一套较系统的经营办法，形成了一些经营习俗。宋代馆驿周围栽有成荫快的白杨和柳树，一时成为时尚。馆驿内部一切应用物品，全部登记造册，并张榜公布，让过往宾客共同监护。来客必须登记在册，共同遵守驿规，不得损坏公物，不得长期占用驿舍，禁止越级谋取待遇。无故逗留超过登记期限者，杖刑一百；住宿最长不许超过 30 天，若超过日期赖着不走者，判徒罪 1 年。馆驿工作人员，除官吏外，一般服务人员则是“衙前差役”，由老百姓中服役者轮流担任。

元明时，驿邮分开依然明确。明代，递运所负责运物资，急递铺传送公文，接待客商的是驿传。各地方驿传，又俗称“水马驿”。在水马驿中，经营是以政府的“廪给条例”为准绳的。各级官吏“依品驰驿”，各地水马驿则按品级提供食、宿、交通工具的不同服务。水马驿要检查来驿宾客的身份凭证、使命凭证，然后按条例提供给驿特权及服务，并拒绝超额索取。水马驿在不设递运所的地方，还要兼理贡品的递运事宜。

清代，改邮归驿。全国的邮驿经费由清廷统一管理，且将邮驿下伸到社会基层，设置县递、里甲马，使政令军令直接传达到村到户。这一驿站体制的改革，是与清初一段史实有关：康熙十二年（公元 1672 年），军阀吴三桂在云南起兵叛乱，发展迅猛。消息传到贵州，正出使贵州的兵部郎中党务礼和户部两官员得悉，飞马疾驰至贵州东境的镇远驿，想更换驿马，可这里的驿站已被吴军控制，继续乘疲马前奔，到湘西沅州（今芷江）才换上驿马。其后，飞驰11昼夜到北京告变，清政府得以从容做好平叛部署。此事引发了清廷对驿站整顿重要意义的认识，并进行了大的改革。在驿站的经营制度上，清政府集唐宋元明之大成，制定了严明的管理条例，包括有驿站职责、设备配备与管理维修，物资的筹集和经费管理，过往官员客商的接待与管理等等。如官员客商接待的《给驿条例》：驿站要查验来往客人的通行凭证，登记奉差官员的姓名、职级、所应支配的口粮标准、舟车数额、随员名额、在途期限等。勘合后，才可给予提供服务。宾客离驿时，驿站要在尾单上填写：有无额外需索情节，是否延误程限等，并加盖驿印。若发现多支多给现象，无论上司察觉还是他驿揭发，均由受授双方承担行政责任；知情不报者，也与之同罪。然而，这些规定康乾时代还能顺利执行，嘉庆以后便步步溃败。自清中叶起，遇有钦差出巡，驿站要铺毡席、挂彩灯、设围屏、搭牌楼、扎天棚、贴对联，人马未到，接风盛宴早备好。怕巧取豪夺又喜欢声色犬马的钦差，拿驿站一个拖延误事的罪名，因而驿站奢侈的接待以及额外索要，一切都办得不留痕迹，不留把柄，授受双方谁也别想有什么证据，达到一种默契。清代驿站服务人员，有更强的职业色彩，因他们是国家的雇佣人员，每天计值领酬，发给日工食银。每驿站都应有长期雇员、短期雇员和临时雇员之分，日工银标准不一样。吏制之腐败，行省负责驿站经费的驿道库官吏借机索贿，驿站官吏虚报冒领的现象极为严重。然而真正在驿站工作的马伕、厨师、轿伕却领不到分文，往往还要自备衣食，自带用具，人们又不敢揭露出来，因为这些当差的，大多是附近居民中拉差勒派的。

封建社会的馆舍经营，一步步走向末路。

2. 私营客栈

(1) 经营者称谓

上古有“逆旅人”、“逆旅小子”的称呼。《列子·黄帝篇》说，杨朱来到宋国，住到一家逆旅中，“逆旅人”有两个妾，一个美，一个丑，可是丑的妾受到敬重，美的妾受到轻蔑。杨朱问其缘由，“逆旅小子”回答说：美的妾自诩其美，我不以为她美；丑的妾自惭其丑，我却看不出丑来。这里说到的“逆旅人”和“逆旅小子”应是客栈的经营者。

“舍长”。有解释说：“守客馆之帅”。《史记·扁鹊仓公列传》记，扁鹊“少时为人舍长”，“舍客长桑君过”，扁鹊总是谦恭的接待他，长桑君便将禁方奇药传授给他，扁鹊遂成神医。由此可知，承当经营管理之责的称“舍长”，寄宿客舍的称“舍客”。

客人。“秦孝公卒，太子立。公子虔之徒告商君欲反，发吏捕商君。商君亡至关下，欲舍客舍。客人不知其是商君也，曰：‘商君之法，舍人无验者坐之。’商君喟然叹曰：‘嗟乎，为法之敝一至此哉！’去之魏。”这是与后代称旅客为“客人”截然相反的一个称谓。这“客”是指以客对待的意思。安排投宿的旅客则称之为“舍人”。

逆旅、客舍后来多通称为“店”。如唐代杜甫《将赴成都草堂途中有作先寄严郑公五首》其二：“过客径须愁出入”，“野店山桥送马蹄”。岑参《汉川山行呈成少严》诗：“山店云迎客，江村犬吠船。”宋代杨万里《不寐》诗：“忽思春雨宿茅店，最苦仆夫催去程。”《古今小说·范巨卿鸡黍死生交》：“当日天晚，投店宿歇。”这里所说“店”都是行旅宿泊之地。于是，对客店的经营主，便有了“店小二”、“店小儿”、“店二哥”、“店家”、“店都知”、“店东”、“店保”、“店主”的俗称。

《包龙图智勘后庭花》第三折：“〔净扮店小二上诗云〕酒

店门前七尺布，过来过往寻主顾。昨日做了十瓮酒，倒有七缸似头醋。自家是这汴梁城中狮子店小二哥的便是，开着这一座店，南来北往，经商客旅，都是俺这店中安下。今日天晚，看门前有什么人来。〔旦上云〕正走间被巡城卒冲散了俺母亲，不知所在。天色晚了，我去这店里寻一个宵宿处。”这里称客店经营主为“店小二”。

《水浒传》第61回写道：“且说吴用、李逵二人往北京去……行了几日，赶到北京城外店肆里歇下。当晚李逵去厨下做饭，一拳打得店小二吐血。小二哥来房里告诉吴用道：“你家哑道童忒狠，小人烧火迟了些，就打得小人吐血！”《古今小说·张古老种瓜娶文女》：“只见店二哥出来，说道：‘二十年前有个韦官，寄下行李，上茅山去担阁。’其中所说：“小二哥”、“店二哥”均为客店经营主；自谦称谓“小人”，还有“小儿”等。

店家之称，指旅舍，亦指客店旅舍经营主。《儒林外史》第34回：“萧昊轩因弓弦断了，使不得力量，拨马往原路上跑，跑到一个小店门口，敲开了门。店家看见，知道是遇了贼。”

店都知，是对客店经营主的尊称。金代董解元《西厢记诸宫调》卷一："店都知，说一和，道：'国家修造了数载余过，其间盖造的非小可，想天宫上光景，赛他不过。'"《古今小说·史弘肇龙虎君臣会》："店都知见贵人许多日不曾见得符令公。"

客店经营主，还有"主人"、"主人家"、"大主人家"、"掌柜的"等称谓。

《红楼梦》第48回："店房有个主人，庙里有个住持。"店房即旅店，经营主此称主人。《警世通言·王娇鸾百年长恨》说，"江西饶州府余干县长乐村，有一小民叫做张乙，因贩些杂货到于县中，夜深投宿城外一邸店，客房已满，不能相容。间壁锁下一空房，却无人住。张乙道：'店主人，何不开此房与我？'主人道：'此房中有鬼，不敢留客。'张乙道：'便有鬼，我何惧哉！'主人只得开锁，将灯一盏，扫帚一把，交与张乙。张乙进房，把灯放稳，挑得亮亮的。房中有破床一张，尘埃堆积，用扫帚扫净，展上铺盖，讨些酒饭吃了，推转房门，脱衣而睡。"此呼"店主人"、"主人"。

《西游记》第84回《难灭伽持圆大觉，法王正统体天然》写到一家王小二店客栈："又听得店家分付，越发谨慎。他都爬起来道：'主人家说得有理……'"称开客栈的王小二为

“主人家”。《醉思乡王粲登楼杂剧》第一折：“〔丑扮店小二上〕……自家店小二是也。有那南来北往，经商客旅，做买做卖的人，都在我这店中安下。一个月前，有个王粲在我店肆中居住，房宿饭钱，都少了我的。我便罢了，大主人家埋怨我。我如今叫他出来，算算账，讨还我这房宿饭钱。王先生出来……”这里的“店小二”是指店里的服务人员，是店主“大主人家”的雇员。

《老残游记》第4回：“这董家口本是曹州府到大名府的一条大道，故很有几家车店。这家店就叫董二房老店。掌柜的姓董，有六十多岁，人都叫他老董。只有一个伙计，名叫王三。……这日有辰牌时候，店里住客，连那起身极迟的，也都走了。店伙打扫房屋，掌柜的账已写完，在门口闲坐。”这里记述的店主称“掌柜的”，店里服务人员呼“伙计”、“店伙”。

近现代，客栈店主，多称“掌柜的”、“老板”、“执事人”、“经理”等。而北方多称“掌柜的”，南方则习称“老板”。

客栈里服务人员，古时，一般称“伙计”、“店伙”、“店小二”等等；近现代多称“茶房”、“管栈”、“招待”、“服务员”等等。此为统称，因负责店面、客房服务的服务人员的这些称谓常被旅客称唤。其实，各类服务人员都有相应的称谓。如东北地区，写账簿、收取店费的称“账房先生”；值夜的称“打更”；关闭店门的称“把门”；负责餐饮的称“火伕”；出城接车带客入店的称“接站”等等。其中，管栈之称，应为“管键”讹读。管，钥匙；键，锁簧。管键指钥匙与锁。《周礼·地官·司门》说：“掌授管键，以启闭国门。”是司门之官手里的钥匙和锁。将负责客房的服务员唤作“管栈”，可见古时对客栈这一“下九流”行业的歧视。因此，在客栈业有一俗话：“伙计做到老，不及一棵草”。反过来称谓旅客，则要尊称“官人”、“客官”、“相公”等。

如今，对饭店旅馆的负责人，一般尊以职名“经理”、“总经理”；对女服务员，称“小姐”；对男服务员称“先生”。年长些的宾客，还有一律称“同志”的习惯。

(2) 古代经营习俗

查验证件，登记接待。自古以来，封建政府对私营客栈便怀有一种戒备心理。先秦时，就有了“进住客栈要有证件，查验无误方可入住，否则不准留宿”的规定。违反了还要客人和店主一同治罪。《史记·商鞅列传》写道：秦孝公死后，秦惠王派人逮捕商鞅。商鞅仓皇出逃，至边境关下时，天色已晚，便到一个小客栈投宿。客栈主人向他索要证件，说："商君之法，舍人无验，坐之。"商鞅曾把私营旅店看成是游食之徒的藏身立足之所，故而制订有严格的管理法令并通告全国，连这边远小店均熟知接待无身份证明的旅客，店主人要受牵连受惩罚。商鞅无奈，只好离去。后来这位变法的发起者被处死，并以"车裂"方式示众。给后世留下了"作法自毙"的故事。客栈经营查验证件、登记接待，便由此而延以为俗。如《水浒传》写到梁山好汉劫生辰纲时所住王家客店，有这样一段叙述："为是官司行下文书来，着落本村，但凡开客店的，须要置立文簿，一面上用勘合印信；每夜有客商来歇宿，须要问他：'那里来？何处去？姓甚名谁？做甚买卖？'都要抄写在簿子上。官司查照时，每月一次，去里正处报名。"就连《西游记》所述那天高皇帝远之域的"赵寡妇店"店主，也要口头盘诘孙行者一行："列位客官，哪里来的？有甚宝货？"到了元代，客栈主人对每个住宿者，不管是官吏、商贾，还是兵卒、百姓，都要仔细查验"文引"。文引是"于见住处司县官司具状召保"取得的"公凭"。文引上详细记录有：出行人姓名、现住处、出行原因、所携财货、在外期限与目的地等。店主要一一核查清楚，发现可疑情况，必须上报。无文引者不予接待。留宿旅客的情况，每日都随时登记入册。其登记簿，俗称“店历”。月初或月中汇总报告一次，主管部门发现哪一家客栈有假文引骗得食宿的情况，即以“见发之家”惩处，就追究这一家客栈的责任，并处分客主双方。每晚，店家在客人入睡前，要挨门挨铺逐一点名、记簿，登录盖印后，店家熄灯闭门，客人才可就寝。因此，也便形成了古时店家熄灯的习俗，有俗语：“南京到北京，店家来吹灯。”这一习俗一直延续到近现代，如山东省鱼台60年代所建的县委招待所客房楼，客房内照明的开关全在客房门外，每至规定熄灯时间，由服务员统一关闭。

客栈收取店费时，还有查验假币的习俗。《隋书·食货志》曾有记述：“是时钱益滥恶，乃命有司，括天下邸肆见钱，非官铸者，皆毁之，其铜入官。”宋时，路途上客店有不收官衙公人监押囚人房钱的习俗。

查验证件，确定身份登记安顿客人的经营习俗，绵延相传至今。

宿食服务，车马安顿。宿与食，是客栈最基本的经营服务。先秦之时，各诸侯国国君以至卿大夫，为壮大自己的威势，争相设私馆义舍“招贤纳士”，并根据“士”的才能分出类别，而安排到不同等级的馆舍寓居，且还提供衣食。如：齐国孟尝君的传舍、幸舍、代舍的宿食服务。到汉魏六朝之际，私营客栈的住宿经营已有相当大发展，已做到“冬有温庐，夏有凉荫”。客栈晚间有“烧脚汤”习俗。暮色四合，行旅之人一路风尘，赶到客栈投宿，有温水烫烫脚，可解乏，消除旅途疲劳。如《水浒传》57 回，呼延灼所住一客栈，“酒保一面煮肉打饼，一面烧脚汤，与呼延灼洗了脚”。第 46 回写时迁等三人住进祝家店，“时迁先提一桶汤来，叫杨雄、石秀洗了脚手。”元人马致远《黄粱梦》第一折也写道：“老身黄花店人氏王婆是也，我开着这个打火店，我烧着这锅汤热着，看有甚么人来。”入夜，有“烧脚汤”服务（也便衍生了旅客“洗尘”习俗）；清晨，则有“鸡报晓”服务。一般客栈，都养有报晓的公鸡，成为“叫醒服务”的责任者。《水浒传》第 46 回曾写到时迁偷吃店家报晓鸡，便由此而引发了“三打祝家庄”的故事。清人顾炎武《燕中赠钱编修秉灯》诗：“燕市鸡鸣动客轮，九门驰道足黄尘。”字面义便说的是鸡报晓、客早行的情景。

饮食的服务，可分为三类：一是店主免费的；如先秦时贵族所置的私馆衣食住行一律免取，东北大车店只收店费不收饭费，泰安天街客店只取香烛钱、食宿费用在内找齐的一类。二是收费提供饮食服务的；如《镜花缘》第63回写：“即如路上每逢打尖住宿，那店小二闻是上等过客，必杀鸡宰鸭。”三是，可供饭菜、亦可代客购买、抑或客人自己起火的。如《水浒传》第8回：林冲刺配沧州途中，到一村中客店歇下。“林冲也把包来解了，不等公人开口，去包里取些碎银两，央店小二买些酒肉，籴些米来，安排盘馔，请两个防送公人坐了吃……睡到四更，同店人都未起，薛霸起来烧了面汤，安排打火做饭吃。”第12回中写：杨志到东京安歇到客店，“叫店小二将些碎银子买些酒肉吃了”。这类客店看来在宋时很普遍，京都有，乡间也有。《天雨花》中也写有这样的客栈，第一回写道：“多承小相公前来下顾，还是我老身店中供饭，还是自家起火?”随着客栈业的发展，后来，这种代客购置饭菜和自家起火的饮食服务习俗，只能在一些鸡毛小店才可见到。

车马安顿的服务经营，从先秦就已非常重视，如齐国管仲为鼓励商贸，对接待邻国邻族客商的客栈，规定除免费供给客商饮食外，还有专人负责喂马。至汉魏，民间客栈已“刍秣成行，器用取给”。有唐之后，客栈私驿又增添了赁驴客乘的服务，经营范围拓宽了许多。日本国僧圆仁所著《入唐求法巡礼行记》说他于海州山中访寺时，“雇驴三头……驴一头行二十里，功钱五十文”，自山寺到县“更雇驴一头……到县廿里，驴功与钱二十文。”由此可约知驿驴经营的价格。《水浒传》第 57 回写呼延灼欲投青州慕容知府，“见路旁一个村酒店，呼延灼下马，把马拴在门前树上；入来店内，把鞭子放在桌上，坐下了，叫酒保取酒肉来吃。酒保道：‘小人这里只卖酒，要肉时，村里却才杀羊；若要，小人去回买。’呼延灼把腰里料袋解下来，取出些金带倒换的碎银两，把与酒保道：‘你可回一脚羊肉，与我煮了，就对付草料，喂养我这匹马。今夜只就你这里宿一宵，明日自投青州府里去。’……酒保一面煮肉打饼，一面烧脚汤，与呼延灼洗了脚，便把马牵放屋后小屋下。酒保一面切草煮料，呼延灼先讨热酒吃了一回。”这段文字，可看到店家对客人马匹喂养安顿的精心。

账房寄存贵重物品的习俗。民国间上海一桩纵火杀人案便是由此引发的。一年近年关时，江苏吴江丝绸之乡盛泽镇的两位客商，住进了通济公客栈，说是来上海各绸缎店庄收账的。客栈给他俩安排在同一间房里住下，两人白天出去收账，晚上回来将所收款寄存在账房，这样过了半个来月，共寄存了六七千元钱。一晚约五更，客栈突起大火，客人都惊醒逃出，住在曲折之处的盛泽客人想逃却逃不出了，房门、窗户均被在外反锁住了。这客栈主人吴姓，开设客栈十余年生意不错，后因狂嫖滥赌，入不敷出，年关临近要账的逼门，他便串通管账房的亲戚，将账房寄存钱移到别处，放了这么一把火。谁料天理昭彰，盛泽客人竟有一人死里逃生，真相大白，客栈主人被处极刑。

东北的大车店，账房也有寄存贵重物品的经营习俗。管账的负责将客人按号安排住宿位置，然后手执长竿，把客人的贵重物品、皮袄、棉帽等高挑挂在本号墙位，妥善看管。管账的长竿不准离手，随呼随到，防止发生意外。

特殊促销方法。古代一些客栈旅店经营者，在经营上还别出心裁生出许多妙法奇招招揽顾客。下举两例：

西汉初年，有位亿万富商师史，除数以百计运输车辆的经营外，还开了一处客栈。为吸引四方旅客，他搞起"猜谜有奖"促销活动——每天由店主出商品谜语，请客人猜，首先猜对者免去当天店钱。相传，一天店主出了三则谜语：①店中有一物，打开像座亭，独柱立正中；上边在流水，下边有人行。② 店中有一物，又圆又扁肚子空，似面镜子在当中；

用时人人把头低，摸脸搓手又鞠躬。③ 店中有一物，铁打一只船，不在江河间；开船就起雾，船过水就干。店里座无虚席，住店的、看热闹的都苦思冥想，最后有三位客官猜出：第一是伞。第二是脸盆。第三是熨斗。三位客官免去当日店钱。这样，一传十，十传百，这客栈出了名，慕名来投宿的越来越多。

上面说了一个用谜语吸引客人的轶事，再说一个用歌谣赢得信誉的客栈。在河南汝州南关，有位叫龚子珍的开了一家客栈。一次，山西曲沃的客人张灿住在店里，因为生气，茶饭不思，闷闷不乐，龚子珍便吟出《不气歌》开导他，张灿听后顿时气消，众客人也为之高兴。后来他发现常有这样的客人出现，龚子珍便把《不气歌》抄写下来，张贴在客房。客人知道这位店主细心帮人，乐于助人，口口相传，声誉鹊起，生意颇兴隆。这《不气歌》怎么说的呢？也抄来惠奉读者——

他人气我我不气，
我本无心他来气。
倘若生气中他计，
气下病来无人替。

请来医生将病治，
反说气病治难矣。
气之为害太可惧，
诚恐因病将命废。
我今尝过气中味，
不气不气真不气。

使用隐语。旧时手工业、商业诸行都有各自的隐语，为经营的便利，使用隐语经营已延以为俗。客栈旅馆人来人往，四面八方杂处流动，士农工商、江湖诸行无不接触，逐渐也形成本行业的隐语。

宋元时，客栈业隐语，称房屋为方下，卧房为底里，床为卧尺、昏老或巢儿，枕头为刻尺或扶头，屋为窑子，楼为登高，桌子为朝天或万面，椅子为东登，席为卷友，帐为撑老，客栈旅馆为琴头或息足朝阳。后来，渐渐固定下来，各地大体一致，如：床为尺八，棉被为天牌，褥子为地牌，枕头为头架，帐子为四柱套，桌子为朝天，椅子为戳身，溺器为陪夜，洗脸水为光盘汤，吃饭为打尖山，客人为江湖，惯走江湖客人为老相，初出江湖为卯生，官员为纱帽生，商人为通生，演员为吼生，娼妓为马上诉，窃贼为小老鼠，和尚为廿三，道士为廿一，尼姑为水廿四，道姑为水廿三，等等。

在不同历史时期，客栈经营使用隐语也有特殊的形式，如太平天国时，太平军先锋宿店的对答便是谣诀式的：

主人开口问曰："洪门八字开，无钱勿进来。"

答曰："三八二十一，无钱亦食得。"

问曰："三八二十三，无钱脱衣衫。"

答曰："三八二十四，食饱去看戏。"

近代，东北的大车店，店主称为二哥，跑堂的称为三哥。若是客栈、饭铺兼营的，常会有要饭的（江湖上称靠扇儿）来找饭吃，其理由是要饭花子和厨师是同一个祖师爷"花旦老祖"传授。花子一进店门，只要说："龙奔海、虎归山，手艺人奔吃店——各位师傅辛苦！"店里就得赶快让座，给予酒饭招待，一般是二两酒、两个炒菜、一碗水饺，临走还得送点儿盘缠钱；遇打板儿的花子进店，竹板一伸，就得给他饭菜，竹板接了饭菜，翻手扣到饭搭子里，临走，留一句："煎炒烹炸盐为主，调和五味醋为先。"若不如此，说不准哪会儿店家就会有火灾或别的什么祸殃。

(3) 现代经营习俗

当今世界，饭店旅馆业已是第七大行业。俗呼"无烟工业”。我国饭店旅馆业经营，力求与国际饭店业规范化经营接轨。本着既有中国特色又符合国际标准，保护旅游经营者和旅游消费者的利益的原则，已于1988年9月1日开始执行了《中华人民共和国评定旅游涉外饭店星级的规定和标准》。评定“星级”有个习惯用标准，大体如下：“五星饭店”标准：① 设备和内装修要超过一般舒适的程度，且具有一种豪华感。主要表现在灯具、餐具、客房陈设、卫生间设备和用品、健身设备以及康乐中心设施和商务服务中心设施等。② 服务应是本国或本地区最突出的，特别是表现在热情周到服务方面，“宾至如归”感觉方面都要比其他饭店略高一筹。③ 应有一个独特、高级的餐厅。④ 客房不仅舒适、高雅、怡人，同时床具应清洁卫生，且是一日两次整理客房，更换床具和卫生间用品。⑤ 中厅装饰要豪华、美观、华丽，具有旅游者“海外之家”美的象征。同时要有一些古物珍品陈设以显示豪华的程度。⑥ 楼体外要有美景花园来衬托，以加深豪华程度。⑦ 凡来到“五星饭店”下榻的客人，都应被视为重要人物，且按着VIP（very important person）的规格来接待。⑧ 要有豪华的总统套间。

“四星饭店”标准：① 设施和服务应高出一般饭店水平。

② 客房比一般饭店的要宽敞一些。内装修和餐具、床具及服务要高出一般标准。③ 服务人员要训练有素，服务态度热情、温雅，笑容可掬，要懂礼节有礼貌；服务动作快速敏捷；服务程序准确无误。应变能力强，熟知主要客源国游客的生活习俗。④ 服务质量要高出一般水平，同时它的价格也要高出一般标准。⑤ 应给客人留下难忘的美的旅游纪念。⑥ 与“五星饭店”一样，不应出现客人对饭店某一方面的不满或抱怨。

“三星饭店”标准：① 具备总服务台、餐厅服务、客房服务、康乐中心、健身房、公共服务部等综合服务项目和设施，为客人提供舒适、方便、愉快的服务。② 客房服务要每日更换一次床上用品。③ 应具有一般饭店所应具有的一切设施和服务项目，并要达到一般饭店的服务标准。

“二星饭店”标准：① 要有较好的内装修，较完整的设施。② 客房要有客人所需的必要设备和用品，以及 24 小时的总服务台和电话交换台服务。③ 具有饭店的一般设施，餐厅一般。④ 提供客房用餐。⑤ 要有游泳池。“一星饭店”标准：只提供住宿、餐食服务，价格低于一般标准，只提供和保证客人最低限度的服务项目，服务注意礼节、礼貌。

中国的饭店业逐步向国际标准靠近。标准的制定，经营者规范化管理，从业人员的标准化操作、服务，渐渐演化成饭店业现代经营服务的习俗，并在现代生活中不知不觉地延续着。

经理例会

饭店旅馆总经理或各部门经理，其经营管理千头万绪、繁繁杂杂，但几种会议已成俗成例。如：

早餐例会。俗称“早餐碰头会”，利用每天早餐的十分钟到半小时左右的时间，总经理、副总经理、总监就某些问题和事项讨论决策；进行业务沟通；总经理工作意图和工作指示的传达等。

经理例会。每周或两周一次。总经理主持，饭店所有部门经理参加，进行业务沟通，使企业内部发展纵向和横向联系。内容有：总经理进行工作讲评，策划和决策；各部门经理汇报情况，并提出总经理决策的问题和他部门协调的请求等。

部门经理业务例会。按业务系统，由总监或部门经理主持，进行各个部门之间的业务沟通、协调，用以达到提高工效和管理经营水平的目的。

公关新习尚

饭店的公共关系部，被视为饭店的“耳目”和“喉舌”，习称“外交部”。公共关系，是个新兴的职业，也便有了新的风俗逐渐形成。

“欢迎光临”的仪仗队。每有饭店开业或饭店重新装修、改建营业前夕，在繁华街道，或车站码头广场，可以看到身披“× ×饭店，欢迎光顾”字样宽幅绸带的服务小姐仪仗队，或自行车，或摩托车，或步行方阵，在鼓乐声中缓缓而行，做公关宣传，提高饭店知名度。

承办社会活动。饭店公关人员，不仅是向社会提供活动场所的“出租人”，还是各种组织进行公关活动的“媒人”，为社会积极承办各类酒会、招待会、评选会、新闻发布会、学术讨论会及各种联谊活动。坐落在绍兴城的浙纸宾馆，一个企业集团兴办的小宾馆，名不见经传。开业伊始的 1993 年 1 月，恰逢旅游淡季，门可罗雀。当此年 3 月绍兴市开展首届“兰花小姐”评选活动，浙纸宾馆虽背负负债重荷，仍以 10 万元赞助费，夺得了承办这一首次出现类似选美活动的独家协办权。40 天的评选活动步步深入，各种媒介对活动报道的不断升温，浙纸宾馆的名字和形象与“兰花小姐”连在一起，一时成为街谈巷议的热门话题，从而使人们认识、了解了浙纸宾馆。再如，上海邮电大厦，是邮电部所属的一家中型饭店，1989 年开业之初，公众以为邮电大厦是办邮电业务的，知名度很低，公关人员曾以承办邮电部在上海召开全国邮电交流廉政会议、各行各业各种订货会、贸易洽谈会的形式，塑造了形象，知名度大增。

前厅风采

饭店的前厅，俗称大堂。大、中型饭店都设有，小型饭店通常不设前厅部，而俗以客房部下属的总服务台班组代之。它有前厅销售、客房预订、前厅接待的经营，和问讯、大厅、总机、宾客离店等项服务，是饭店经营活动的中心，是饭店形象的代表，称为饭店的窗户和眼睛。

追求文化品位的风尚。前厅是客人对饭店档次、氛围的第一印象，而关键因素则往往在于饭店前厅所体现的文化品位的高低，因而，文化品位的追求成为前厅经营的时尚。饭店大门，习惯用玻璃门作为正门，一般两扇，正门两侧各开一至两扇边门；或装置自动转门为正门。为增添一份文化气息，有的还在转门中央设展箱，摆上花卉、树木等装饰物；迎宾员行李员彬彬有礼、热情周到的服务，也透露着中华民族文化的特色。前厅内的布置、装饰如果别致新颖且有特色，就能更好凸现文化的品位。被称为“最中国式饭店”的三星级山东曲阜阙里宾舍，前厅迎门立有仿古青铜鹿角鹤，与正门匾额孔子语“有朋自远方来不亦乐乎”相为呼应，欢迎宾客；大堂一侧壁上镌有《诗经·小雅》中“呦呦鹿鸣”一诗；大堂上层东南西三面壁雕孔子生平为主题的“问礼图”和“圣迹图”；以营造中国传统文化的氛围。再如五星级北京昆仑饭店的大堂的布置和装饰，迎面是所悬世界最大艺术壁毯的《莽昆仑》，淋漓尽致地展现着昆仑山巍峨雄伟的景象和苍茫雄浑的气势，蕴寓中国文化的博大精深；总服务台后壁则是长约 18 米的一幅大型汉白玉浮雕“昆仑众神”，神话传说中 10 位昆仑山美丽的女神跃然石上，楚楚动人，神采飞扬，给人以远古文化的幽思；大堂卫生间壁上则雕琢了人和各种动物的线条，还有林林总总的远古文化符号，巧妙地展现着中国悠久的历史文化；大堂过厅绿树飞瀑石屏后的中厅，是 800 平方米的“四季厅”，中央为大理石铺砌的舞台，摆有一架钢琴，四周有叠石造型的“碧苑天柱”，有昆仑山史话的名家墨迹碑刻，有小溪、水池，有亭台石阶，有花木点缀，展现了较高的文化品位。还有广州白天鹅宾馆中厅 10 米高人造假山的瀑布和“故乡水”刻石，给客人强烈的“宾至如归”之感。有的饭店，还设有背景音乐的播放，轻松动听的乐曲，既减少噪音对客人的危害，又营造了幽雅的氛围。

客房服务

客房，是行旅者在旅程中的“家”，是饭店经营的重头，是客人基本生活需求的服务部门。因此，客房服务是衡量一个饭店服务水平的主要客观标志。客房服务主要项目，也就是房间整理、床铺整理和清洁卫生间等。长期的实际操作，形成了既节省时间又操作精细的科学实用的服务习惯，总结推广，相沿而成俗。

做房，饭店里对整理客房的习惯叫法。首先将各种用具准备齐全放在工作车上；商务性饭店按优先打扫房（含预先指定和挂牌需打扫房）——空房——走客房——住客房的次序安排整理，这样，既满足客人特殊要求，又加快客房出租周转速度，胜地度假性饭店为体现对本宾的厚遇，则把住客房作优先安排整理的；进房时，在确定未有“请勿打扰”标志及无双锁的情况下，先用手指节轻轻叩门三下，并报明身份，若无反应则停约 5 秒再重复一遍，仍无反应方可将门轻轻打开，一边推门一边再报身份，如客人仍沉睡未醒则缓步退出、带上门，如客人在内则应先致歉意，再说明开门意图，并征询客人意见才可做房，以免唐突客人。做房习惯的顺序是：走客房先做卫生间再做房间；住客房先做房间后做卫生间。走客房先做卫生间，是为了让房间的弹簧床垫透透气得以保养；住客房先做房间，是为客人方便着想，因客人可能会随时回来，甚至可能带来亲戚或客人。做房一般程序是，先收去房内用膳的桌、盘、杯、碟等；将工作车紧倚门口停放，把工具带进房间；再开启所有灯光，检查是否正常；拉开窗帘，或开窗透气，或开大空调通风量；若为走客房，应检查橱柜、抽屉和卫生间里、床上有无遗留物品；倒净垃圾桶，清理烟灰缸，烟头等不得倒入座厕中；收去床上用过的布草，并带入相应数量干净布草，做床；然后，用抹布及吸尘器清洁家具、地毯等；布置客用品和宣传品，拉上外窗帘；离开客房，还要检查：窗帘是否拉到位？床是否美观？空调开关到位没有？电线是否隐蔽？灯光是否关闭？镜框明净端正否？家具摆正没有？灯罩接缝朝墙否？等等；离客房后，将维修项目与遗失物品记录在簿并报告上级。做房便告结束。

做床，是饭店客房服务员整理床铺的习惯叫法。其实，它只是上午大清扫做房中的一项。做床，一般饭店习惯用“一边铺起”法，省力且快捷，铺一张单人床只需 2 分 30 秒左右。做床方法是：逐条收起用过的床单，抖动一下以确定未夹带衣物等；将其带出房间放入布草袋，并带入相应数量干净床单；服务员站在床的一侧铺好第一条床单（垫单），中线应将床一分为二，将站立一侧的半边垫单头尾分别塞入床垫下，并随手包好信封角；铺上第二条床单（盖单），与垫单相反应反面向上，中线对齐；铺上毛毯，将第二条床单床头部分反折过来包住毛毯，并将其靠近身体一侧掖入床垫，随后用第二条床单和毛毯包好靠身一侧的床尾信封角；铺上床罩，中线对齐，上端回折使之距床头约 20 厘米；拍松枕芯，察看有否污迹或脱线；套上枕套放好（一张床用两对枕头时，枕头开口应相对；供客人上床或有床头柜一侧应无枕头开口相向），再将床罩拉上盖住枕头，理顺身侧床边与床尾的床罩；以上便完成了一侧的做床，转到床另一侧，重复以上工作，便完成了做床。

白天有整理房间的做床，晚间还有一项“做夜床”。又称“夜床服务”和“晚间服务”。它是一种高雅而亲切的对客服务，表示对客人的欢迎和礼遇规格。傍晚，一般在客人晚餐后，按规定程序开门进房，开灯，看是否都亮；将空调开到指定刻度上；撤除房内用膳器具什物；轻轻拉上窗帘。然后，开床。先将床罩从床头拉下按要求折好，置于规定的壁橱、抽屉或指定角落里；打开床头一角，将盖单连毛毯一起折成一个三角形，拍松枕头并将其摆正，并按规定在床头或枕上放上“晚安”卡、早餐牌、小礼品之类。开床时，如一人住单床间，开有电话的床头柜一侧；一人住双床间，则一般开临近卫生间那张床的靠床头柜一侧；如二人住大床间，则两边都开；二人住双床间，则各自开靠床头柜的一侧。此后，倒掉垃圾、清洁烟缸和桌面，按要求加注冰水，放入报纸或将饭店提供的浴衣摊开在床尾；整理卫生间，换上干净毛巾；最后，检视一遍卫生间和房间，除床头灯外，将灯都关掉并关锁房门。

餐饮服务

客栈饭店为住店旅客提供餐饮服务，是从周代就开始的，它是饭店服务必要组成部分；也是饭店服务的客观标志；它在满足客人基本生活需要的同时，又弘扬着我国的饮食文化；它还是饭店经营收入的主要来源之一。

由现代饭店的餐饮服务，回头望，看周代设“鄙食”以待旅客，已是那么遥远的故事了。现代饭店除拥有满足客人一般需要的餐厅、酒吧外，还应具备诸如扒房（牛排馆）等象征饭店水准的高档餐厅；此外还可建花园餐厅、屋顶餐厅、旋转餐厅、室外露天咖啡座、池畔酒座、快餐厅、包饼店等齐全的设施。并提供代表着中华民族饮食文化的满汉全席、红楼宴、仿膳、乾隆皇帝下江南筵席、孔府宴等菜肴，以及相应的无形服务，即热情和蔼地服务态度、快速优雅的服务动作、准确无误的服务程序等。

饭店餐饮服务，有客房内用餐和餐厅用餐两种形式。

房内用餐，三星级饭店，客房内应备有饮料单和菜单，以及可挂置门外的送菜牌，18 小时向客人提供中、西式早餐和便餐等送餐服务。四星级饭店，要全天候为客人提供中、西式早餐、正餐等房内用餐服务，且应有正式菜不少于 10 种、饮料不少于 8 种、甜食不少于 6 种的选择。

餐厅设施，大中型饭店一般均有数处甚至十数处；它的发展带动着餐饮经营的变化，并渐成新的服务风俗。

食品精美、装饰华丽、环境舒适的桌式服务餐厅，俗称正餐厅。又分为中餐厅和西餐厅两类，只供午餐和晚餐。中餐厅，用中餐传统服务方式或中餐西吃服务方式；西餐厅，则有法式、美式和俄式服务之分。

风味餐厅，俗称“特色餐厅”，专营某一类或某一菜系的菜肴，服务员的服务则要根据某类或某地方菜系菜肴餐饮习俗来提供。

宴会厅，大可上百桌，小仅一二桌，除为住店宾客提供宴会服务外，还为当地企事业单位、机关团体和居民提供服务。

咖啡厅，是一种规格较低的西餐厅。早、午、晚均营业，是接待外国宾客所必需经营的，用以调节食欲，以便更有兴趣品尝中国菜肴。

自助餐厅，近年来很盛行。食品、饮料全部陈列柜子上，宾客自行选取，通过收款机口计价付款，然后端到餐厅享用。另外，还有一种自助餐服务，饭店订出一个固定价格，宾客便可任意用餐，不限数量，不限取食次数。

古典餐厅，分为西式古典餐和民族式古典餐厅两类，其外部装修和内部氛围营造极易辨认。西式古典餐厅，设计、装潢、家具、餐具均具浓烈古典风格，身着标准制服的接待员、侍者、主管和跑菜服务生温文尔雅、程序井然地服务，还有摇曳的烛光和幽美的古典音乐演奏服务等。中国的民族式古典餐厅，设计装饰、服务员服饰、服务方式和所供应的菜食，均为古典风格，并体现某一时代的典型特征，如南宋、明代、清代风格等。因菜食以地方风味为主，故又俗称之

"风味餐厅"。

豪华餐厅，一般是为招待会、酒会等商业性活动晚宴设置的。它从古典餐厅演变而来，使气氛立体化、装饰现代化，省略了浮华的侍者环立的服务，代之轻松自然、忙而不乱的服务方式。

零点餐厅，服务于随到随吃的客人，不用预订座位，服务员按"先到者先服务"原则进行，依然殷勤、迅速，很有时代特点。

快餐厅，简洁的门厅、清洁明快的就餐室和快捷传送食品的线路，再加上价廉物美分量足的食品，正好服务于希望简便经济进食午餐的宾客。

餐厅服务细细品来，很像是导引客人观赏一出"戏剧"。如中餐服务的程序：迎宾引座；呈示菜单接受点菜、点酒；上冷盘；热炒菜；羹类菜；汤；点心、炒饭、甜品、水果；特殊客人的照顾；结账，送客。那么，迎宾引座，呈菜单接受点菜点酒：作为观众的顾客需引导入座，并接受介绍"剧情"。先上冷盘：帷幕徐徐拉开，序幕开演。热炒菜，羹类菜，汤：戏的起承转合、高潮迭起的情节推进。点心、炒饭、甜品、水果：是余韵悠长的尾声，帷幕缓缓落下。其后，是逻辑性的退场。

3. 特殊经营的客栈

会馆、行栈、黑店、妓院等，都是些有特殊经营的客栈。会馆以联络乡谊为主旨，行栈以经营商贸为目的，黑店以坑害盘剥客人为出发点，妓院则以淫乐为主营；然而，招待客人食宿还是其表象、附带且又实际的功能。

(1) 会馆

会馆从服务对象上可分为：官绅会馆、科举会馆、士子会馆、商人会馆和移民会馆等五种。但不管何种会馆，经营的宗旨是相同的，那就是“祀神、合乐、义举、公约”。神灵崇拜给这一同乡组织树立集体象征和精神纽带，各会馆建大殿或大厅，专作祭祀之用；合乐为客寓他乡人士提供聚会与娱乐的空间，联络感情，聚会时“一堂谈笑，皆作乡音，雍雍如也”；义举，会馆接待同乡宿食，承担治病养疴的费用支出，还为客死者创造暂厝、归葬的条件；公约则要求会员遵循规章维持集体利益，从而维护社会秩序的安定。会馆的产生发展一直未偏离适应时势服务于社会的轨道。其组织形式，以董事制为主，还有行帮值年、监事、理事、监理事、委员会和轮年值事制等。内部管理，有的是官绅掌印，有的是商人主管，有的是手工业者或农民自理。经济来源，有官捐、商捐、喜金、租金、抽厘、放债生息、会费等。会馆经常业务主要是救济流离同乡、收取房租、管理义园等。

会馆接纳住馆者，也是有约定俗成的规矩的。接待的对象，有京官、候官、应试学子、商人、流寓手工业者、乡民等等。清初人谢济世说："京师之有会馆也，贡成均、诣公车者居停之所也，无观光过夏，则大小九卿、科道、部曹、中行、评博、候补者以次让，无宦游之人，则过往流寓者亦得居，非土著则不可，僦于人亦不可，例也。"

京城的会馆，有"让试子入住"的习俗。科举制度发展到明代，出现了"南北分卷"的政策，不同地域官吏渴望家乡子弟科举及第，因此，每逢春闱秋闱，官绅们便搬迁出会馆，为自己乡井的应试士子提供住所、饮食的便利。因而又有了"试馆"之称。清代闽县的陈宗藩在《闽中会馆志·序》中说："会馆之设，始自明代，或曰会馆，或曰试馆。盖平时则以聚乡人，联旧谊，大比之岁，则为乡中来京假馆之所，恤寒畯而启后进也。"北京的龙岩会馆，清乾隆间有规约："住馆之例，京官让候补候选，候补候选让乡试会试廷试，不得占住，以妨后人，其余杂事人等，不许住宿。"明代旧俗，会馆可以住女眷；后因服务科举功能的加强，不再允许官绅带眷属住馆，担心不好迁移，影响试子入住。“让试子”之俗延至清末科举废除之时。

会馆接待入住同乡，一般是收房租金的。北京的歙县会馆对“初授京官与未带眷属或暂居者，每月计房一间输银三钱，以充馆费，科场数月前，务即迁移，不得久居”；“非乡会试之年，谒选官及来京升见者，均听于会馆作寓，每间月出银一钱，按季送司年处”。朱克敬在《雨窗消意录》记述京绅董邦达一则轶事，“富阳董邦达，少年以优贡生留滞京师，寓武林会馆，资尽，馆人迫之，徙于逆旅，质衣装以给。”看来，会馆也是坚持“救急不救贫”规约的。会馆一般资助急患疾病者、无力回籍的和突遭祸灾者，或安置就医，或资助盘费，或拯救危难；有此遭遇的同乡，一律免费食宿，这也便是会馆办理义举的宗旨所要求的。民国初年，无锡东亭镇一灯戏剧团在沪西张园租了场地，想在上海这个“花花世界”淘金，不料演出月余，卖座不佳，反而赔了大本，连道具袍套因欠场租而被扣押。无奈，到家乡的会馆“锡金公所”求助，公所立即替他们付清场租，赎回道具袍套并各人所典当衣物，资送返乡。

（2）行栈

唐时呼邸店，明以后称牙行，是旧时城市中供客商堆货、寓居、进行商贸活动的处所。各地又有不同的俗称，如行店、货栈、九八行、过载行或过塘行等，实际上各自也有着经营的侧重。

邸店在唐时，长安等大都邑，市场四面都设有彩帷而饰的邸店，少则百余处，多达三四百，为客商说合买卖，兼营旅馆、堆栈，供客商寓居并堆放货物。宋代都市中除邸店外，还有专供堆货的堆垛场和塌房。吴自牧《梦粱录》和耐得翁《都城纪胜》记载，南宋杭州富豪、官吏等在水路附近开设塌房几十所，每所有房屋几百间甚至千余间。明初，在南京三山门外濒水处官设塌房，供商人存寄商货及六畜。后北京亦设塌房，并抽收塌房税。客商要缴存放货物的保管费，官营堆垛场称垛地官钱，私营的俗呼垛地户钱。

行栈大多是客栈和货栈结合一体经营的，从客人的食宿到货物的存栈、销售，以及办理缴税、运输等一系列业务，进而代客采购货物，形成一整套行栈业的经营方式。如 20 世纪初至 50 年代经营于天津的同和兴货栈，客商的货到津，不论人到没到，货栈都代客提货、运送、存栈、管理货物；代客办理保险、纳税等手续；征得客人同意还代卖、代运和代购，代垫运费、倒垛费、佣金等等。在食宿接待上，货栈让客人住在栈里客房内，栈里供客人伙食，每天只收食宿费 7 角钱，还定期设宴款待客人。有的货栈为兜揽客货，对客商提供很低的食宿收费，甚或免费。如天津达孚货栈，对一般客户每天仅收 4 角钱食宿费，对外地来津客商免费食宿且殷勤招待，对热销货物的客户，不仅不收食宿费，还要招待住高级客房。也有货客兼营的行栈，如山海关的天泰栈，但对客户和一般旅客接待是有别的。

江南杭州有一处商业区，叫湖墅，是京杭大运河最南的码头，是杭州北大门。这里航道四通八达，为山客、水客的集散地，商品贸易的中转站，因此行栈兴盛。著名的是“三行一市”，即米行、纸行、箔庄及鱼市。单说一个纸行吧。这里当年纸行行栈大小有三四十家。在这里进行交易的客帮，福建、江西、安徽等地货主，俗称为山客；来自上海、苏州、常州、无锡、镇江及苏北来采购纸的买主，俗称为水客。山客、水客不直接谈生意，纸行居中周旋，每天上午在华光桥畔补经楼茶馆，行栈与水客喝茶谈生意。大的纸行，如裕长隆、公信等行栈，广置屋宇免费接待山客、水客膳宿。但山客一般不在纸行住宿，他们各自有其会馆公所，福建客商有崇（安）浦（城）公所在大夫坊的天后宫，江西客商有江西会馆在仓基上，金华、衢县、龙游的客商有金衢公所。水客一般都在纸行客房里膳宿。

(3) 黑店

黑店自有私营客栈就与之相伴而生，因客栈从来就是三教九流鱼龙杂处的地方，少不了兵匪逃犯乞丐痞子。黑店，《水浒传》中多有描绘，“孙二娘开黑店”已成妇孺皆知的俗语。古时黑店手段太单一，无非蒙汗药麻倒而已，近代旧中国的黑店，则花样千奇百怪，防不胜防。在此，仅一南一北各简述一二。

汕头的黑店。先说说做“猪仔”买卖的黑店。这里说的“猪仔”是外国佬对“契约华工”的蔑称。20世纪初，美商元兴洋行在汕头设了“招工馆”，统办招雇华工之事。明里，在大街通衢公开张贴“长红”，开列招雇华工的人数、待遇、条件、工作地区和年限及报名地点等条款，并派洋行工作人员到处甜言蜜语，诱骗当地破产农民、失业工人、手工业者上钩。暗里，元兴洋行勾结黑社会势力，利诱、胁迫、收购无业游民充数，如在暗馆设赌局，诱使无知青年入局，待负债累累后就迫其卖身偿债，在华工契约上画押，被猪仔头卖到海外。后来这一勾当过渡到锦衣房的宝华兴客栈和至平路的裕顺安旅馆代办了。这人贩黑店，交结官府，又有当地恶势力撑腰，肆无忌惮。黑店有严密的组织，下有大猪仔头，再下有小猪仔头。如每名契约华工身价是大洋 50 元，黑店便以每名身价 30 元，包给大猪仔头，大猪仔头再以每名 20 元转包给小猪仔头，小猪仔头到四乡搜罗，只付 10 至 15 元，层层盘剥华工的卖身钱。黑店收纳各地交付的“猪仔”，根本就不让住他们的客栈旅馆，而是早有预备好的大型木船，悄悄驶靠汕头官商码头，将“猪仔”塞进监狱式的大木船中，然后驶离堤岸下锚，由人严密监管。每日客栈派人摇小船将臭咸鱼和粗劣干饭送去，给“猪仔”果腹。这些华工像沙丁鱼一样挤在湫隘的仓中，直至外国轮船来到，再塞入轮船底舱。黑店便向“猪仔”贸易的洋商结账。

汕头还有一类与水客联手作奸的黑店。这里所说的水客，不仅像江浙一带贩运货物，还有代华侨携银物、家信回国，带侨眷过埠等等业务。黑店与水客作奸的手法很多，如盘剥华侨、走私漏税、私铸外币、偷运赝品、金融投机等等。盘剥华侨手法有二。一是炒卖船票。华侨及归侨侨眷进出国门，大多通过水客带领，每帮少则十数人、多则数十或上百人，到达汕头，即领入串通好的黑店，候船出国。船票概由客栈代办。于是高抬票价，从中渔利。如汕头至香港船票原价一元六角，却以三元售出；汕头至新加坡船票为二十元，则以三十元售予侨客。客栈盘剥所得，与外国轮船公司买办四六分肥；所得六成，再与水客均分。回国华侨由汕头至梅县松口电船票，客栈每代售一张就索取票价百分之二三十的回佣。二是代办食色。水客带一帮投店华侨住进客栈后，伙食一概由客栈代办，还代客召妓或"南词"以度清宵，每招一妓若收费8元，妓与客栈各占4元，客栈老板以一半左右贿赂巡夜查册的警察。走私漏税，水客认头带领归侨侨眷出国时，在携带出国商品中夹藏黄金、白银、珠宝、名贵药材和揭阳河婆产的鸦片等；入境时，冒称华侨携带回国货物中夹藏手表、钻石、手枪、鸦片烟膏等私货。出关，水客靠客栈店伴的掩护，贿通关卡检查人员，蒙混过境。入关，同伙的客栈要早派可靠伙伴乘快艇前去接运私货，大轮船靠定，买通海关检查船，在货物上用粉笔划"OK"后，将货物运落接艇，扬长而去，卸入栈仓。情况有变，则在检查船到来之前，将夹藏私货的重要箱笼先行吊下接艇运走，驶至海上安全区域，再全速运回客栈，然后再次接运大轮船上的余货。客栈还看准市场需求，如做一些中国传统式样的赝品金银饰物，托水客带往南洋销售，获取巨利。私铸外币，是客栈老板伙同当地地头蛇，藏于山区秘密铸造外国银币，然后交由水客分散带出国外，猎取利润。金融投机。旧时，汕头白银流出国外最为严重的时候，汕头金融行情是：在汕头用大洋券1.05元，可购得袁头大洋1元，把袁头1元的大洋私带至香港，则可买回1.10元港币。而在华人社会里，用1元的港币，又可买回大洋券1.25元。如此周折申汇一番，可有20%的纯利。客栈主和水客便钻这一空子，用大量大洋券在汕头买袁头大洋，偷运香港兑换港币，再买回大洋券，便获暴利。客栈还利用每年腊月侨批大量拥进汕头市场之时，看准风向，大捞一笔。水客在南洋以外币交收侨批，他们大都将所收外币汇回香港，再转汇汕头，以大洋券或光洋分发银信。此时，水客以大量港币转换“国币”，港币供过于求，汇率下跌，由原来1元港币兑换大洋1.1元的市价，跌平为1元，甚或跌至九角几分。客栈业主因熟悉所携带银信内情及每帮侨批大概数额，便乘机向钱庄贷款，将跌到最低水平的港币扒进，俟机再抛。水客将银信分给城乡侨眷后，进入正月，侨眷为购买生产生活用品，侨批又涌向市场，汕头客商已准备好了由香港采办的侨眷喜爱货物，大量上市。这时，港币需求量陡增，汇率上升，由原来互兑1元的水平，又升1.1元以上，等到港币升至饱和点，客栈老板便将储存的港币悉数抛出，猎得厚利。

在北方渤海边上的天津，20世纪初至40年代间，也有一种黑店。

天津有个方言词叫“杂霸地”，是指军、警、宪、特和黑社会势力的人。黑店就是杂霸地所开设，多在车站附近，俗称“鸡毛店”或“野鸡店”。其实，门面上有冠冕堂皇的名字，譬如恶霸杨俊亭与武仲书开过“连升店”，程国明开过“新兴旅店”，程国璧开过“钰升店”，地痞葛恩荣开过“魁升店”，三十六友之一的流氓除金生开过“四合店”，恶霸脚行头子翟云泉开过“大有”和“天聚东”等等。这些恶霸、土棍琢磨透了旅客的心理，形成了一整套经营黑店的做法，这法不行，换那法，那法再不行，换别法；文的不行，换花的，花的不行，换武的。旅客只要是踏进黑店的门，一个个、一层层的圈套，引你入彀，是绝对逃不脱的。

天津是来往于东北、华北的必经之路口。闯东北挣得钱回乡的山东人多在天津中转换车，就近便宿于车站的旅店中。

这些黑店便找准了旅客信任老乡的心理，让店伙计装扮成山东来的老客，俗称“神仙”或“包袱”。“神仙”先摸清客人有多少财物的底，再作欺骗。

先来文的。如劝客人将钱买成货带回家乡赚钱，客人若被说动，“神仙”就带客人到早有串通的“野鸡商店”购买货次价高的货物，骗得的钱由野鸡店和野鸡商店按成分得。或假意关心客人，说带钱路上不安全，不如先将钱汇回家去。办汇款的银号与野鸡店也是有勾结的，客人的钱被骗少则损失一半，甚至全无踪影。这种手法，黑话称“电汇”。还有，“神仙”告诉客人“满洲票”须换成“准备票”才能花用，代为兑换，七折八扣，又肥了黑店老板腰包。以上这些如果都不奏效，好——

来花的。用吃喝嫖赌、寻欢作乐吸引客人，上钩的客人输光花尽，被榨光又欠了店饭钱，黑店就强扣客人衣物抵押，将其赶出店门。以上花招用尽，还没使客人上钩，好——

动武的。偷！旅客丢了财物没处找，没处告。若告，亚东胡同就有黑店与军、警、宪、特串通设立的“办公室”，到那里，黑店老板反咬一口，甚至毒打一顿。被骗交不起店钱的、患病的，拖出扔在亚东胡同公厕里或李家坟地大臭水坑里。身体好的，拉去顶替应征壮丁，一个又可赚到四五钱黄金。

野鸡店也与汕头黑店一样，有贩卖华工的“生意”，但手段要比汕头的狠毒很多，他们携带武器，驾驶卡车，开到火车东站地道外南口一带突然刹车，抓了人装上就开走。住在野鸡店里来津谋生的农民更逃不出他们的魔掌，均被软硬兼施逼迫去当华工。抓讫，用火车闷罐车厢装运。

(4) 花界下处

花界下处，是北方一些地区对妓馆的称谓，还有妓院、书寓、乐户、窑子、青楼、秦楼楚馆等称，南方又有花牌楼、茭白船、江山船、长三堂子、么二堂子、老举寨、大寨、半私明、二四寨、打炮寨、讲古寮等称。旧时，有“七十二行，无娼不养商”之俗谚，因此，在历朝历代封建社会中是普遍存在的。从客栈角度讲，这花界下处，也是兼有食宿功能的处所，故而简述之经营中食宿景况。

在妓馆过夜，一般称住局、住宿。如包头妓院营业项目有三：卖盘、打牌、住宿。收入的记载格式，即卖盘式，打牌式、住宿式。每种格式记录，起首记载妓女名，下分三栏：① 来客姓（不写名字，二、三等妓院连姓也不写）；② 付钱者姓和钱数；③ 未付钱姓和欠钱数。收入按六四与妓女分成。通辽的妓院营业方式有六种：开盘、关门、拉铺、住局、叫条子、拜客。其中的住宿、住局，即为在妓院里宿夜。

妓馆住宿，各地习俗又有所不同。北京八大胡同妓院对宿住妓院有一套隐语，如：预约留髡之客为定客，一度留髡后又复返之客为回头客，借住妓院而无留髡之实为借干铺，随人逛窑子的喝边者当所跟来友人被留髡时借干铺为睡腿，当日被挑中即留髡为走马上任，留髡两日以上为打连台，为雏妓破瓜为打头客，为已破瓜之妓破瓜的冤桶为打二客，继打头客之后享留髡者为挨城门，继寻常靴子（数客同识一妓或数妓同识一客互称靴子）之后被留髡为刷锅，因故不能赴之以夜而绝早来赴阳台之会为赶早儿。上海的头等妓院，则俗呼在妓院玩牌、吃酒、过夜为三响头。上海三等妓院，客人过夜称夜厢。还有一习俗，称攀冷头，是在客人酣睡后，妓女偷着焚纸钱并熏客人的鞋子，祈祷其常来光顾。妓女所倚仗的恶棍闲时来过夜而不付钱，称为长白。上海末等妓院花烟间，称过夜资费为香头。最低等的钉棚，客人称老鲍，过夜称通宵，过夜资费称钉子。广州在妓寨过夜，俗称嫖舍。杭州妓馆中，如江干的花牌楼、拱宸桥的长三堂子、钱塘江上的茭白船上的妓女，通常是以陪酒伺宴、唱曲助兴为主，历来“卖笑不卖身”，不留客宿夜；真有客人夜深酒醉，留宿妓馆，妓女不陪，俗称“困干铺”。

在妓馆吃饭设宴，一般称“饮花酒”、“设局”。广州的头等妓馆，称大寨，大寨都是极豪华的大舫，散泊在谷埠河面，大舫内分隔为三四个厅，供顾客宴饮；妓女栖息的“闺房”为陈设亦极豪华的住家艇。在大寨设宴，称开厅、设局，如豪阔嫖客为显示出手大方，同时开许多个厅，筵开数席至数十席，将全体宾客和陪酒妓女开销全包下来，称作打通厅、打全骰。通常俗称“饮花酒”。大寨的经营者“龟公”、“龟婆”很会经营，为榨取嫖客的金钱，有时在大寨饮了六七年花酒的，仍没有到过名妓的住家艇。广州中下层妓寨，称二四寨、打炮寨，嫖客拿钱交给妓寨的“客嫂”去打酒买小菜，送到房间内吃，俗称屈房。一般为“七星伴月”的菜肴，即六碟鸡、鸭之类粗菜，加一碟扎蹄。杭州在茭白船上或妓馆中设宴，俗称办花酒，嫖客称吃花酒。清茶、瓜子，再加上妓女唱个曲儿，称打茶会。通辽的妓馆住局，就必须吃局饭，局饭要成双，至少四菜两汤。

(5) 老妈儿店

在长春，民国间曾有客栈，专靠介绍佣人收佣钱，俗称老妈儿店。专招妇女住店，向富户人家介绍做佣人。成，店主收佣钱，老妈儿离店随雇主去；不成，老妈儿继续住等。

(6) 官司店

长春还曾有过专靠包揽词讼招揽顾客的旅店，俗称官司店。此类旅店店主都是擅于交结、勾通官府、能与律师联手代打官司的。如长春四道街四海客栈经理人吴俊亭，人称吴四爷，能代写讼状，出谋划策，常常胜诉；故而，多有争夺家产者慕名投店，不惜重金。

4. 接待特定客人的客栈

(1) 东北大车店

民国间，东北地区和华北北部地区，专门接待用骡、马、牛、骆驼等畜力进行商贸运输的车主以及拉骆驼者留宿的客栈，统称为大车店。根据车架使用牲畜不同，又有别称：骡马大店、车马大店、马车店、牛车店、驼店、驼栈、车马店等；还因车主运送货物不同，又分为：鱼车店、粮谷发行店、土特产发行店等。大车店，一般为几进几出的院落，门前昼挂店幌夜挂灯笼，设拴马桩、上马石，店多为大四合院，有客房、槽房、伙房、马厩、厕所等；大的，有二三十间客房、院内可容二三百辆大车，小的，客房六七间、容车二三十辆。这种客栈很普遍，有的一个小镇上就十数家。如齐齐哈尔市龙江县龙兴镇 1946 年统计有 11 家大车店。

大车店经营主，人称掌柜的、店家，后改称经理。另外有经营服务人员通称伙计，细分为：账房、管院、打头、把门、接站、管栈、更夫、火伕等。掌柜的，负责对外联系，掌握店内业务，给客户联络货源。账房，负责填写账簿、收取店费，给车户打保条。管院，负责打扫院子、清理马粪、为车主安排喂马槽位，替车主看管车马物品。打头管院，负责院心一切事务，排车号，规整车辆，若马窝死由他负责。把门，负责关闭店门，掌管门前火烛灯笼，保证车进车出通畅，验门片出入店门等。接站，负责出城接车，生客要带路归店，常客要打招呼让其自己去店。管栈，主要负责客房服务，如烧炕、烧水、烧炉子、清扫客房、安排睡铺号位、租借被褥，以及替旅客照料衣物等。更夫，看护柜房、账房、库房、院心，巡更守夜，手打梆子，口喊“啊、吆”，以警戍客店。火伕，一般为二人，一个做菜，一个做饭，又称大师傅和工人。大车店经营，均有店规。如齐齐哈尔市克山南二道街路东曾开设的天聚昌车店，当时有伙计 20 多人，因此店规很严：① 不拿柜上一针一线；② 不准索要客人财物；③ 不许迟到、早退，对旅客有求必应，笑脸相迎。凡招用新人需有保人，经一段考察期，确实是“手稳、嘴稳、脚稳”的人才正式雇用。如大师傅，试用三天手艺不行，就不被聘用。

大车店有“炕热屋子暖”的经营习俗。东北地区，冬季天寒地冻，车主顶风冒雪驾车而来，一入车店炕热屋暖当然是最好的享受，因此大车店便在这方面特别用心。每家车店，夏季里都要将牛马粪晾干、上垛，年复一年常备不断，到冬季便用牛马粪干烧坑取暖。店房一般都是宽敞的“筒子屋”，一溜数十米的大火炕，烧得烫人。大车店的店客，主要是车老板。车老板俗称车虎子，有谣谚“车虎子进店，赛过知县；大鞭一举，令旗令箭”。身穿光板大羊皮袄、头戴狐皮帽、脚蹬牛皮靰鞡的车老板，进大车店院内之前，要威风八面地甩三声响鞭，掌柜的伙计们一听鞭响，立即出门笑脸相迎，接过鞭子，让客人进房。端温水，供客人洗脸洗脚；送砸好的靰鞡草，让客人换上。然后，沏好茶水奉上，很快烧酒菜饭也便端上热炕。

还有“人吃马喂不收费”的经营习俗。大车店，一般在院子里设一排排的马架子，土草结构的马架子下是摆设整齐的大马槽，还有半卧于地下的大缸。车老板进店后，伙计便接过车架，卸鞍松套，安顿车马，铡草切豆饼喂马。车老板在大车店享用的伙食，主要是苞米面大饼子、小米粥、萝卜或白菜汤，有各种咸菜或大葱蘸大酱。逢年过节或遇上喜庆日子，主食是馒头，菜则以猪肉炖粉条最为讲究。菜随吃随添，白酒管够。这些大车店互相竞争，一家比一家伙食好，只收店钱、存车钱，不收饭钱和草料钱。他们其实是“死店活开，一个去了百个来”的经营策略。

(2) 爬犁店

东北地区旧时专门招待乘驾爬犁客人的处所。爬犁，是雪橇的俗称，以马、牛或狗来拖拽，一架爬犁或用两头牛马大牲口，或用五只膘壮性烈的雄狗，乘坐两人，是东北地区较普遍的运输工具。大江封冻后，店家在江崖子抠挖进去一个豁口，就着两面泥墙，上覆秫秸，便构筑成店。外面设灶，里面住人，伙食一般，宿处简陋。

(3) 泰山香客店

泰山脚下的泰安城，从前的客店，主要是接待朝山进香人的客店，称为香客店。

以宋代为背景的《水浒传》中有对香客和香客店的描写："那条路上只看烧香的人往来不绝"；"原来庙上好生热闹，不算二十行经商买卖，只客店也有一千四五百家，延请天下香客。到菩萨圣节之时，也没有安着人处，许多客店都歇满了"。明人张岱对香客店的经营有过描述："离州城数里，牙家（店主）走迫，控马其门。门前马厩十数间，妓馆十数间，优人寓十数间。向谓是一州之事，不知其为一店之事也。到店，税房有例，募轿有例，纳山税有例。客有上中下三等。出山者送，上山者贺，到山者迎。客单数千，房百十处，荤素酒筵百十席，优傒弹唱百十群，奔走支应百十辈，牙家十余姓。合计入山者日八九千人，初春日满二万。"香客上香后下山，"出红门，牙家携酒核洗足，谓之接顶。夜，剧戏开筵，酌酒相贺"。

清末民初，最有名的香客店是张大山客店，坐落在泰安城北关东青龙街路北，店门如富家府第，高悬"张大山客店"匾额，立"仕宦行台，安寓客商"招牌，门旁有拴马桩、上马石。大门之内，有东西相对称的四个院落，各筑精致门楼，院内遍植花木，多供仕宦乡绅作临时公寓。正北为戏楼。后有群房，有单间，有双间大铺，为一般香客住房。

店房分三等，伙食亦设三等，又有小型戏曲、鸦片、牌桌、妓女、地方小吃、理发、出售元宝香烛等项营业。

张大山客店兴盛时服务人员近百人，为香客服务的经营可谓一条龙：每年秋后，各地香火会开始集资时，店里派人持大红帖子、携土特产与会首（亦称善首）联络住店事宜，俗称会茬子；翌年年初一开始，联络人带随员提灯笼，侍立西关驿道旁或火车站等香客到来，替会首背搭子到店；客人到店门口，店里伙计用传盘端四菜一壶酒为香客接风；店内设小型泰山奶奶庙，供香客进店先烧香叩拜舍香钱，以表虔诚；客人朝山，店主送到门口，对官宦说："步步高升。"对商人说："登高发财。"对求子的人说："早生贵子。"客人登山，店里派两名送山人负责沿途打尖和山顶住宿等事，还派一挑夫担香客所请元宝跟随上山；客人进香后下山到店门口，店里仍端大转盘敬酒菜，名为道喜，回店后为客摆筵开戏；香客结账，店家只收店钱，不收饭钱，上山进香一切开销店钱找齐了；临行店家又摆酒席，店主亲送客人出大门，门外备酒菜饯行，主客互道："望明年再来。""明年一定来相会。"

有的香客店，经营服务更为殷勤。如《醒世姻缘传》所记宋魁吾的香客店，有这样记述：香客在泰山顶烧香已毕，

“走下山来，走到红庙。宋魁吾治了盒酒，预先在那里等候与众人接顶……到了店家，把这一日本店下顶的香头（香火会入会者），在厂棚里面，男女各席，满满的坐定，摆酒唱戏，公同饯行。当中坐首席的点了一本《荆钗》，找了一出《月下斩貂蝉》，一出《独行千里》，方各散席回房……明早吃了饭，收拾起身。宋魁吾送了老侯老张（两位会首）每人一把伞，一把藤篾子扇，一块腌的死猪子肉，一个十二两重的小杂铜盆。”这店家迎客下山到红门，临行还赠会首小礼物。如此看来，当时的香客店经营是各有各的高招。

另外，杭州的一些客店旅馆也可称之为香客店，如西湖区的西泠、大华、新新、蝶来，市区的清泰第二、湖滨、环湖、聚美、新泰、华兴等旅馆，每至香讯，香客游客大多喜欢投宿这些旅馆，因此，这些旅馆经营上有句俗话：“三冬靠一春。”

(4) 生意下处

专门寓居江湖生意人的处所。从前，在每一省市、每一商埠码头，都有这种客栈，从外貌看它与一般的客栈旅馆没两样，也叫“某某老店”，门前也挂招牌“仕宦行台，安寓客商”。但经营规矩是：不住非江湖生意人。店里掌柜及伙计都懂江湖规矩，如有非江湖生意人来投宿，就说客满无房；江湖人来了，不管客满不客满，都要安排住下，真的客满大家就得匀出个地方来。店里规矩很多，比如不准偷看别人手艺；不得偷看别人打徒弟或教徒弟；不得偷看别人合伙做生意回房的分钱；不许泄露别人秘密；等等。犯规者轻则受人歧视，重则需赔礼赔财。

在生意下处，有一特别的规矩，叫作“放快者受罚”。江湖上有八大快，要讳称。它们是：梦称团黄粱子，桥称悬梁子，龙称海条子，虎称海嘴子，蛇称土条子，兔称月宫嘴子，塔称土堆子，牙称柴。如果谁在午前不小心直言不讳说出“梦龙虎蛇塔桥牙兔”八字中任何一个词语，没说隐语，就是“放快”，就要受罚。因为江湖人认为午前听到有人放快不吉利，所以决不出门做生意。这样放快者就要赔偿损失，如果一天生意能赚一元钱，放快者就要赔他一元钱。且几个人听到，就要赔几个人的损失。如过了晌午，再放快就没事了。

(5) 公寓

是供长期离家在外又固定在一处的客人寓居的处所。一般住宿费按月收取，伙食或自炊，或包伙在客栈。

过去，接待的客人，有暂无住宅的官宦，有候差上任或等待肥缺的闲员，有行商，有考科举的士子。官宦都携带眷属，伙食自理。如长春市旧时曾有集贤公寓、长安公寓等。

现代饭店酒店的公寓，接待的客人，有不懂汉语的外国人、由公司付款的客户、带家眷的和高消费阶层的常住单身。经营的方式，有两种：一是酒店式；另是家庭住宅式。酒店式公寓，有外延式的，如北京的三艾科会所、丽晶苑、香榭舍，都属建国饭店管理，公寓也共享建国饭店的标准服务；有内含式的，如北京丽都公寓，温特来酒店主楼内设公寓，南京丁山花园酒店、广州江湾大酒店、深圳阳光会所的内设公寓等。家庭住宅式公寓，是北京松榆公寓1995年率先打破酒店式公寓一统市场格局的创新形式。酒店式公寓是强调享有酒店式的服务，而家庭住宅式公寓更多注重营造家的温馨气氛。公寓多设计为二房一厅、三房二厅和复式等多种户型，配高档装修，配有全套家具、电器、厨房设施和起居用品。有训练有素的服务生清洁房间，还有善解人意的钟点工料理家务，客人可以自己动手做饭，像在家一样随时接待来访者，留客娱乐住宿，充分享受自由的私人空间。公寓出租率很高，均在93%以上。

(6) 路边店

应是古、近代的私驿和马车店的异变形式，交通设施和交通工具的进步发展，在国家级公路两旁，便兴建起这类可停车食宿，或停车、修车、餐饮、住宿、娱乐一条龙服务的客栈。主要接待货车司机，有的店直接挂以“司机之家”的招牌。一般前为饭店门面，后或楼上为客房，后院停车。亦名“某某饭店”，屋山可墙书“停车食宿”四大红字。经营上，住宿拿住宿费，吃饭拿饭钱，修车、娱乐都需交费，只停车免费。这类客店，电影《昆仑山上一棵草》、张贤亮小说《肖尔希拉克》中都有描述，兴盛起来是改革开放后的 20 世纪 80 年代。近年来，在这类店中有喝花酒、嫖娼卖淫的丑陋现象发生。

（三）服务礼仪

当今的饭店旅馆业，其服务礼仪，在继承古代优秀礼俗文化的同时，借鉴国际通行的礼仪规定，形成了中国本土文化的实用礼仪习俗，在社会生活中普遍遵行。

1. 饭店一般性服务礼仪

衣帽整洁，举止得体。饭店从业者一般穿着统一标志服，其中应注意裙子不可短于膝，袜子应以深色为主，皮鞋以黑色为宜并保持光亮；头发应按规定蓄留，面带微笑不做作；与客人说话远不过 5 米、近不小于 1.5 米；一般招呼问候行 15°左右点头礼，对贵宾行身倾 30°左右鞠躬礼；遇客便说“您好”，规范礼貌用语“请”、“谢谢”、“对不起”。

次序和助臂。引导客人行进应在客人左前方，二人并行右为尊，三人并行中为尊，三人次序行，前为尊；进出电梯、上下车，让客人或尊者先行，有妇女则应让其先行；乘坐轿车后排中间为尊，其右次之，其左再次，前排靠司机位最末儿；上楼梯应让尊者客人在前，服务人员在后，下楼则反之，服务员在前，客人尊者在后。遇有年老体衰的客人，任何服务人员都要主动上前助臂，帮助其上下楼梯等。

握手和谈话。握手应先除下手套，眼睛注视客人，面带微笑并致 30°左右鞠躬礼。谈话要用文雅尊重的口吻，聚精会神，有可能的情况下尽量使用客人的姓名来称呼；客人到来，应停止一切活动，站起来问好或致欢迎词；谈话时不大声说客人房间号码，免使客人担心私人秘密被泄露；有损害人自尊心的话坚决不讲，不与客人争执，不埋怨、责怪客人。

拜访与介绍。拜访房间内客人一般不宜超过 15 分钟。拜访时可留下名片，将名片右上角向内摺一角以示亲临拜访过。

送花。向客人送花一定要用鲜花；白花可作礼花，喜事用红缎带扎，丧事用白缎带；紫色花除丧事外，一般不送；迎接用兰花做成花束为好；贺婚礼、生日，除紫色外任何花皆可，做花篮、花束都行；探伤病客人，宜用红色花；贺生育之喜，宜用红花，做成花束或小花篮；花的枝数，均不要为13。

2. 迎宾员礼仪

迎宾员，又称司门，俗称门迎，是饭店旅馆给客人外观的第一印象。迎宾员要制服笔挺，皮鞋光洁无尘，白手套洁白崭新，姿态端正，精神饱满；客人来店，车停稳，迎宾员左手打开车门呈70°左右，右手挡在车门上沿，以防客人碰伤头部，名为护顶；帮助客人卸下行李，并提醒客人清点行李，用手势指挥车辆离去，并招呼行李员提拿，同时向客人致简短欢迎词，引领入门送到总服务台柜前；客人离去，礼貌道别，致欢迎再次光临之意的送别词，客人上车帮助关车门，挥手送客人远去；团体宾客到来，应向前面的客人问好并表示欢迎，对后面客人点头致意；对来访者，要礼貌接待，办理有关手续，请其进店并陪送至应去的部门。

3. 接待服务礼仪

客人到来，总服务台服务员应笑脸相迎，亲切得体地问好并表示欢迎，使用接待客人的标准程序用语，但要自然、流畅；要忙而不乱，敏捷高效，接待一、顾及二、招呼三；热情接待并明确答复前来订房和求宿者所提要求，尽量做出使客人满意的安排；核验证件时，应随即记住客人姓名，手续办完，就应使用客人的姓名称呼客人，若再次相见，能呼住对方姓名，无疑是送给客人的一份“礼”；如记住存放钥匙的客人的面孔与房号，不需验房卡，就可给予交接钥匙的服务，当然是给客人的殊遇；言而有信，是总台服务给客人的又一份礼，在服务项目范围内明确答复客人，遇特约服务应考虑到办好的把握然后回答客人，办不到的绝不轻易许诺；当客人提出问讯或查询时，不仅有礼貌地回答，而且还不得使用“大概”、“也许”、“可能”之类词语回答，不然即为失礼。

4. 客房服务礼仪

客房是旅客临时的家，客人行旅生活的多种类，决定了客房服务的多种类，从而使得其礼仪也是多方面的。

客房服务员须按规定着装，佩戴工作号牌，仪表仪容整洁高雅，体现出对客人的尊重；在楼层与客人相遇，要使用标准语言主动问好或打招呼，要主动让道，不得超过客人抢先行走或抢上电梯，不得从谈话的客人中间插过，不得偷听客人谈话和窥视客人行为，客人有问必答，有求必应；要保证客人人身、财产安全，有事进客房要先敲门并报“我是客房服务员”，允许后方可入内，还要礼貌地顾及客人的心理安全；客房设备有损坏或丢失，需向客人查问时，要特别注意礼节礼貌，讲话婉转而有艺术。

宾客新到，客房接待员或楼层值班员迎接，低层建筑到楼下门口，高层建筑到楼梯或电梯口，热情问候并致欢迎词后，帮客人提行李，在客人左前侧两步处引领客人进房；开门后，伸手示意客人请进，白天拉开窗帘，晚上开灯，送上开水、香巾，介绍房内设备使用方法、饭店公共设施位置和提供服务项目等，询问客人还有否其他需要，客人否定回答后再礼貌告退，并随手关门。送客离店，应帮助客人将行李送上电梯或送至楼下，然后礼貌地道再见。如果客人赠送礼品、食物或付小费，应婉言拒绝并致以谢意，实在谢绝不下的，接受后立即上交。

5. 餐厅服务礼仪

餐厅服务如客房服务一样，要注意“三轻”，走路轻，说话轻，操作轻；同时还要“四勤”，眼勤、嘴勤、手勤、腿勤，眼勤指有眼色，嘴勤指热情有礼，手勤指操作娴熟，腿勤，指客人吩咐事立即办。如看到客人酒杯中的酒已剩下 1/3 以下了，应走过去斟上；客人的菜吃完了，但没有退席的意思，应立即给客人加菜；看到客人吃饭中间忽然身子往椅背上一靠，眼睛四处看，或举起了手，则应明白，客人在叫服务员，应立即走去微弯身听客人吩咐；看到客人餐具落地，应上前捡起拿走，迅速换回新的；客人不小心碰翻酒杯、汤碗，应赶紧帮客人擦干，用餐巾、餐纸吸干，失手打碎了的餐具应尽快处理干净。

与客人谈话必须站立，站立姿势要正确；客人问话时应停下手中工作，面带微笑，注意倾听，用清楚、简洁、客气的语句回答，若客人言语过分、过火，仍要以微笑的态度对待，近距离与每位客人相遇，均需打招呼和问好；斟酒水在客人的右侧，上菜从客人的左侧，分菜也左侧，而餐中撤盘则从客人右侧，上菜盘不得放下后推盘，撤菜盘直接端起不得拉盘；客人对饭菜质量和服务提出批评时，应虚心听取，向客人道歉，属误解也要耐心听完，然后和颜悦色委婉解释，若遇粗暴无礼的客人，要能忍住委屈，始终不失礼。

宴会服务，客人入座，按拟定的位次图引领，挪椅请客人坐；上菜顺序是先客人，后主人，先女宾后男宾，先主要宾客，后一般宾客；正式宴请，主方或客方代表人发表讲话时，应立即肃静，停止上菜、斟酒、说话，附近备餐间亦应停止发出响声的操作，任何意外声响干扰了宴会秩序都为失礼。

6. 售货员服务礼仪

国内各大饭店旅馆普遍设有商场部，以方便入住客人购物的需要，然而它的服务接待不同于饭店的其他部门，也不同于社会上的大商场，有其稍异的礼仪。

商场设计要高雅，有一定的文化品位，突出特色，柜台商品陈列美观大方，周围环境一尘不染，是对客人的一份尊重。

顾客走近柜台，可用视线迎接客人，问好或微笑点头致意，但不宜像其他部门的服务员那样问询，以免吓走没打定主意买什么东西的客人；客人选择商品时，应悉心服务，多拿不厌，百挑不烦，收找钱款唱收唱付；繁忙情况下，应接一待二照顾三，对久等的客人一定要致歉意："对不起，让您久等了。"客人离柜，不管买东西多少或买没买东西，都要热情道别。

7. 对待宾客投诉的礼仪

来投诉者都带着不满情绪，甚至火冒三丈地跑来，接待服务必须有礼节，要站着笑迎，待客人坐下后服务者才能就座；不管客人多么激动，都必须保持有礼的平静，这样有利于顾客平静，还须注意力集中地倾听投诉，以缓解顾客激动情绪，还须善于理解，理解本身就是一种尊重；不管投诉事件的大小，接待服务者应始终忍耐、宽容并待之以礼，并给客人满意的结果。

8. 公共关系交际礼仪

饭店旅馆公共小姐、先生们风度翩翩的形象和令人叹服的言行，无不借助于礼貌、礼节而获得。他们遵行的礼仪很多，如：

在人际交往中，处处以礼当先，并注意每一具体环节礼仪，甚至毫端末节也不轻视忽略。

到机场、车站迎接客人，宁可提前到机坪、站台，决不可迟到一分钟；手执的接站牌，不写“接× × ×先生”，而写“× × ×先生，欢迎您！”

谈判中，要仪表端庄、行为得体、待人接物谦逊，要态度诚恳、声调亲切，使用准确艺术的语言；还应替对方着想，合同方案使双方都能接受；论证不强于人，以客观事实和严密的逻辑说服人；陷于僵局或谈判失败，也不使发展成有伤和气的唇枪舌剑；用客观、轻松而又符合尊人之礼的语言，在愉快、融洽的气氛中，结束谈判。

（四）娱乐游艺

自古，客栈在满足行旅者食饱宿安的需求同时，还为客人精神愉悦、暂销客愁给予服务，客栈经营者一为招揽顾客，二为增加收入，自身也乐在其中，何乐而不为？于是，便渐渐形成了歌乐酬客、博弈消夜的客栈娱乐游艺习俗。歌乐，或弦管笙歌，或地方戏曲，或民间小调，或民族歌舞等等。博弈，或叶子戏，或掷骰子推牌九，或象棋，或云子（围棋）。至于会馆多设有戏台、戏楼，则常有戏曲演出，同乡之人聚而乐之。

唐人岑参《冀州客舍酒酣贻王绮寄题南楼》诗曾写道："客舍梨花繁，深花隐鸣鸠。南邻新酒热，有女弹箜篌。醉后或狂歌，酒醒满离忧。"又如《邯郸客舍歌》描绘说："客舍门临漳水边，垂杨下系钓鱼船。邯郸女儿夜沽酒，对客挑灯夸数钱。酩酊醉时月正午，一曲狂歌垆上眠。”前诗说到冀州客舍有女乐酬客；后诗描绘旅人狂歌销客愁、店家女儿挑灯玩赌钱的月夜客舍的风景。

至于“南弦北管不同乡，今日吹弹共一场”，“莫道巫山多少路，美人只隔一帘中”（〔明〕周蓼恤：《秦淮竹枝词》）和“三层楼下客停舟，楼上鹍弦荡客愁；隔岸一声新水调，殢人犹是眼波秋”（〔明〕郝璧：《广陵竹枝词》）等，古代是相当普遍的。因为起初娼女是在商人寓所说书唱戏、劝酒玩牌开始的；逐渐发展起来的娼妓业，故称书寓业，也称乐户，又有称歌舞花柳院，所以在妓院里弦管笙歌是夜夜不绝的。

现代饭店旅馆，则专门设立一个娱乐部，饭店中俗称“康乐部”。20世纪80年代以前，国外游客住进饭店晚上很苦恼。白天游览名胜很兴奋，晚上在饭店却没有什么娱乐，当时流行一句话，是“白天高兴，晚上扫兴”。这句俗语传到孔子故乡曲阜，则变成了“白天看庙，晚上睡觉”。曲阜的阙里宾舍设计之初便考虑到这个问题，建筑了宽敞典雅的古乐茶座，花几十万元资金购置编钟、编磬、古琴、古筝、琵琶等古乐器和现代民族乐器，精心整理编排了《杏坛吟》、《大成殿抒怀》、《仿古祭孔乐舞》等节目，常年每晚为客人演出，给入住宾舍的客人以精神的愉悦，也更加营造了曲阜作为儒都的浓郁传统文化的氛围。中国改革开放以后，音乐茶座、舞厅等最先由旅游饭店引进；之后，保龄球、高尔夫球、国际卫星电视节目、闭路电视、酒吧、卡拉 OK 等世界新兴的文化娱乐项目，也相继引进。

现代饭店的娱乐游艺内容，有 3 大类 19 种。运动类，有游泳池、健身房、弹子房、保龄球房、乒乓球房、网球场、壁球房、高尔夫球场；娱乐类，有棋牌室、游戏室、舞厅、卡拉 OK、多功能咖啡厅、酒吧、阅览室、闭路电视；美容健美类，有理发室、美容室、桑拿浴。

回过头来，我们再详细看看旧时客栈娱乐游艺的习俗。

1. 歌乐酬客

客栈给予旅客的歌舞娱乐形式，不外乎鼓琴、演戏、唱曲儿、说书之类，解除疲劳、愉悦身心，使客人暂时忘却旅途的艰辛和思乡的情愫。下面简述几种与客栈有着较密切联系的歌舞娱乐形式。

(1) 锅庄与跳锅庄

锅庄是藏东部康定地区接待各地商旅的客栈。产生时间，最迟也应在元末明初。近代李亦人的《西康综览》中说：“究其得名之始，或因康人烹煮食物，恒以长柱形石头，三块埋于土中，或栽桩三根成三角形置锅其上，遂以名之也。”“当五百年前元明时代，关外各县及西藏商人常以各地土产，如羊毛、皮革、麝香、虫草、鹿茸、贝母等方物运集康定，以求出售，而易回粗茶、布匹等物。当时康定仅一荒凉之山村……然各处商贾前来贸易，自亦于一定住宿之地搭架帐篷，竖立锅桩。为此既久，建筑房屋，或为远商来康招待之所，或为明正土司分封大小头人觐见时来康止宿之处……而锅庄性质亦已变为旅馆。”同时代人任乃强《西康图经》也说：“凡其大臣所居，即为骡商集息之所，称为锅庄，共四十八家，最大者八家，称为八大锅庄……有瓦斯碉者，锅庄之巨擘也，建筑之丽，积蓄之富，并推炉城第一。康藏巨商，咸集于此。”

藏族是个善歌善舞的民族，不管走在哪里，生活中不能没有歌舞，尤其是远离故乡聚集在锅庄，更诱发起思乡之情和歌舞的欲望。各地商贾顺利交易后，或恰逢节日，锅庄主人便会举行歌舞晚会，客人便跳起自己最喜欢的家乡舞。当时所流行于藏地有代表性的舞蹈便是“卓”，传源起于一千多年前。久而之久，当地汉人便把在锅庄里跳的卓称为锅庄舞，又俗呼跳锅庄。

跳锅庄，是客栈主人安排的客人自娱自乐的娱乐形式。

(2) 大车店的二人转

二人转可说是大车店纯粹酬客的娱乐了。在东北较讲究的大车店里，常免房钱停留唱二人转的艺人，为的是吸引更多车老板入住，给店主单调的生活和车老板枯燥的行旅生活，增添一点儿乐趣。东北冬季天寒地冻，二人转需在屋里演出，起初是哪村哪屯想看戏了，集点儿钱粮，找个较宽敞的房子请艺人来演。随着社会的进步，大车店渐渐增多，大车店房子宽空间大，便成了二人转演出的圣地，大车店店主出于上述的原因，也乐而为之。

演二人转，一般在大车店连三屋里。南北两面的通铺大炕和屋的一端，作观众席；屋的另一端，放一张地桌，称“彩桌”，这彩桌前后便作舞台。桌上放些茶具或打击乐器，这桌便是演员上下场的界线，桌前表示为前台，演员二人在那儿一手执绢扇，一手捻手帕，轮流着蹦来蹦去、扭前转后地说唱，故而又俗称地蹦子。桌后表示为后台，大弦（板胡）在这儿拉，喇叭哼（唢呐）在这儿吹，候场的演员也待在这儿。观众和艺人只离咫尺之近。

二人转的艺人到大车店，行囊还没放好，就会吸引来一屋子看热闹小孩，村民也便奔走相告“来地蹦子了!”艺人们吃罢晚饭，就要忙着化妆，天没完全黑下来，锣鼓家什便敲起来。这开板一唱，就会是多半宿，若把店主和车老板唱乐了，还要多点上一出戏，便唱到鸡叫天明。戏止了，观众还恋恋难舍，直到店老板发话：“今天唱完了，明天再看吧!”

(3) 会馆里小热昏

在杭州的外地会馆里，常有小热昏演唱。小热昏，原为杭州方言的“发热乱说”的意思，后来“说朝报”艺人杜宝林以此为艺名，而他的滑稽说唱名震一时，小热昏便特指这种“说朝报”的滑稽说唱了。

清末民初时，杭州有类似京中《邸报》的地方报纸，因卖报多在清晨，故称朝报。朝报为石印，字迹常模糊不清，为招徕顾客，卖报人将报背在身后，面向墙壁，背向大道，敲着小锣，用杭州方言念出朝报上重要新闻，以求多卖。后又从念朝报变成唱朝报；唱朝报而卖朝报的生意仍不好，唱朝报便与卖梨膏糖生意结合起来。发展到杜宝林艺人手里，他将朝报上的新闻编成通俗易懂的唱词，连说带唱，且滑稽生动，很适应当时劳动人民的需要。后来，又在唱新闻的前后加有“锣先锋”、笑话和送客书，形成了一个风格独特、说唱滑稽的曲种。

小热昏说唱艺人，一般头戴一顶称“丘帽”的折帽，穿长衫，拿一把扇子，立在一条长凳上，前面一只架子上摆着盛梨膏糖的木箱，伴唱乐器只一小锣、三块竹板。“竹板敲，小锣响，小锣一响就开场。”开场，先唱一段“锣先锋”，俗称“小锣书”；有《小菜场打仗》、《水果笑话》、《近视眼比赛》、《滑头国》、《清和桥》、《八哥告状》、《黑箱冤魂》、《鱼生病》、《米蛀虫》等曲目，以唱为主，兼有说白。小锣书唱过，是说笑话，艺人俗称“卖口”，多由《笑林广记》改编而来。笑话过后，便是小热昏的重心演唱了，唱一段最拿手的戏曲和重大新闻，俗称“煞啃”，说唱到紧要处，卖一个关子，然后卖糖。煞啃之后，糖卖过，接下来便是说唱连续性长篇故事，说唱间到关节处又会煞住，再卖糖。停一次，卖一次，听众为听下去，便连连买糖，直至说唱结束。

小热昏发源于说朝报，说唱的新闻多是杭州的真人真事，如《七条人命》故事发生在杭州望江门，《活钉新娘子》发生在杭州湖墅的郊区。往往是上午发生在杭州的新闻，下午就成了小热昏滑稽说唱的内容。这很适合外地在杭州经商会馆里的人的口味，在娱乐中又得悉杭州的重大新闻、社会新闻、经济新闻，一举而两得。地处杭州羊坝头的湖南会馆，最热衷请小热昏来说唱。

小热昏，艺人求利，听者求乐。

2. 博弈消夜

在客栈，除弦管歌舞的娱乐外，还有博戏、棋戏等游艺来消磨时光。

(1) 博戏

这博弈之戏，自古有之。晋人张华《博物志》说：“尧造围棋，以教子丹朱。”《论语·阳货》也记有“饱食终日，无所用心，难矣哉！不有博弈者乎？为之，犹贤乎已。”古时博弈名声不坏，且又可启迪智慧、排遣愁忧。尤其羁旅于外，博弈更能给人以乐趣，清人徐珂《清稗类钞·赌博类》说：“或旅馆萧寥，或篷窗寂静，未携书籍，更鲜朋欢，时一拈弄，足以消遣。其名有打五关、相十副、拆塔、掘藏、喜相逢、拾元宝、牵虱钻等目。”这是说文人一人独坐自怡，然而终不如多人热闹有兴趣。客栈主人一为给客人找乐，二为借此赚钱，在店内多备有纸牌、麻将、骨牌、牌九等博具，以供客人消遣取乐。

如：东北有的大车店，客人酒足饱饭后，店伙计便到各屋撺掇，找间僻静屋里赌博。店主有的亲自参赌，有的放赌“抽红”；赌的客人得以乐趣，不赌客人旁观亦为一乐。商人的会馆里的赌博，则是常有的游艺，且过码大。钱塘江山的茭白船上，有山歌小调，也有玩牌之戏。等等。

(2) 棋戏

在客栈的又一娱乐，为棋戏。棋戏，品类繁多，以不投骰子的均归于棋类，有围棋、塞戏、四维、象棋、弹棋、三友棋、蜗角棋、旋螺城等等，尤以围棋、塞戏为常见。古时博弈的“弈”即指围棋，有此戏至迟在春秋时代，历代帝王多好围棋，唐时，曾在宫中设置“棋待诏”，“待诏”号称国手，专与帝王对弈。唐宋之时，甚至把围棋作为宴请外国宾客的娱乐项目之一。客栈里也多把围棋和塞戏作为客人娱乐之戏。唐代诗圣杜甫有诗写到客栈中弈棋之乐，说“咸阳客舍一事无，相与博簺为欢娱”。“簺”即塞戏，又称㸷戎、格五。塞戏至宋便基本失传，而围棋则历代相传。凌濛初《二刻拍案惊奇》中的《小道人一着饶天下，女棋童两局注终身》，便写了宋时汝南大吕村弈棋高手周国能在燕山一家客栈，以围棋设赌赛，赢得辽国国手、朝廷册封女棋童妙观爱情的故事。由此可知，棋戏在客栈以娱悦客人，是很普遍的。

（五）招幌·楹联

客栈通常以幌、匾、牌等招徕旅客。过去，幌，有鱼叼罗圈、笊篱、梨包、鸡毛、木升等标志招幌，夜多悬挂灯笼；匾，多为木制石刻，悬于门额；牌，有招牌，有楹联牌，招牌或悬或立，楹联牌钉挂门柱上。现代饭店旅馆的招幌，一为立于建筑物上的店徽店名霓虹灯饰和镶嵌建物壁上的金字店名，二为店前小广场上高悬的店旗（一般设三根旗杆，从左至右依次挂中国国旗、店旗和饭店下榻的外国国家元首所在国国旗)。

1. 招幌

客栈经营，因其既管停宿，又管酒饭，所以，有的客栈是酒旗饭幌和客栈幌牌同时张挂；有的客栈幌与饭馆幌，大同而小异。如《清明上河图》所绘虹桥旁那店，彩牌楼上悬有绵条酒帘，门旁又立有“脚店”招牌；《水浒传》中所记许多村店，仅挑一面酒旗，但酒饭宿夜均营；再如东北的罗圈幌，饭馆和客栈都用作招幌，两者区分很细微。张挂招幌，多民间约定俗成，常行旅在外的人，一眼望去，便知是何等级的客栈。

晚间，过去客栈多挂灯笼作招幌。灯笼有方，有圆，上书客栈名称或“安寓客商”等字样。一般横悬于门楣，或立一柱杆，杆顶横出一木垂直吊悬，以醒目客人。《西游记》第84 回中曾有过描绘。

客栈招幌常见者有如下几种。

(1) 罗圈幌

罗圈幌多见于北方各地。它的起源有一则美丽的传说：沈阳还叫沈州的时候，城郊官道旁住着石心、良女夫妇。一年春天，从外地涌来许多逃难者，这对善良夫妻忙前忙后地招待大家吃喝。为使过往难民有个歇脚处，他俩在门前搭了席棚，摆上桌凳，请大家坐下来吃面条。石心每天站在棚前吆喝难民来吃面条，嗓子都哑了。良女心疼，便想了个办法，把一只旧罗挂在棚檐下，罗圈上搭一圈儿生面条。这么一来，无须吆喝，来吃面条的人却多起来。罗上的面条风吹干后掉在地上，石心觉得太糟蹋粮食，就改挂一圈白布条，远远看去和面条一样。从此，只要挂出这只罗，过路者到来都能吃上热面条，有钱亦吃，没钱亦吃，生意越做好越好。后来，他们盖了两大间店房，罗圈便作为招幌挂在房檐下。附近一个麻姓的恶霸财主眼红了，想夺幌赶走他们。这天，他赶来50头猪要换那幌和两间房，石心夫妇不肯，他就死皮赖脸地要求将猪在这儿寄存一宿。夜里，财主摸进店里，想杀掉几头猪以讹诈石心夫妇，达到夺幌占房目的。石心夫妇听到动静起来查看，只见满地猪毛猪血，落在地上的幌子半边染成红色。麻财主则逃进了深山。天亮了，来不及再做，便索性挂起这只半红的幌子，并用猪肉做了菜招待客人。从此，半圈红布罗圈幌，便成了旅馆的专用幌；客店里改善伙食，便常是猪肉炖粉条了。

罗圈幌制作，过去是用木料，做成直径一尺左右的罗圈，四条绳等距地拴在幌钩上，幌钩铁制，尾部有裤便于摘挂。罗圈周围糊红纸，点缀纹饰，上沿不辍纸花（饭幌置八朵纸花），下沿围半圈红布（饭幌则围三圈或红或白长40厘米的纸条）。半圈红布寓意此店专住来往行客，客人半夜来或半夜走都可。近年，为耐用，罗圈用铁皮，布用塑料布；有的还在罗圈内吊有电灯，使其既可做日幌又可做夜幌。

罗圈幌在形制和色彩上，有些差异，但幌多店大、幌少店小的规矩，是统一的、约定俗成的。如有的地区，挂一个罗圈下缀几根布条的小客店，俗称伙房小店，留住是过往行人和推车挑担的，不留宿要饭花子，进屋是一铺大炕，无炕席，挤着睡，伙食多是煎饼和豆腐脑；挂两个罗圈幌的店，既住行人也驻大车，炕有席，饭食简单，俗称管小饭；挂三个幌的客店，备有被褥；挂四个幌的设有全套行李，每位客人有一米宽的固定铺位；挂五个的，条件较好，有中等饭菜和便宜的酒，并有草料卖；挂六个幌的就有熘炒菜了；挂七个的，最为讲究，除有大炕，还有单间客房，吃啥有啥，且常留二人转等艺人，以娱乐客人。挂五至七个罗圈幌的客店，实质上是旅店兼营饭馆。

(2) 鱼叼罗圈幌

是黑龙江边大车店的招幌。鱼和罗圈皆为木制。鱼，表示为大马哈鱼，罗圈表示有粮草，是说店里人吃马喂、有吃有住。这幌也有起源传说，颇有些情趣。传说，大马哈鱼生长得快，常口出狂言："一天长一尺，一年长一丈，三年变龙王。"惹恼了龙王，罚他只长一年便死，生在江里，长在海里，死在河里。龙王正赶它们出东海时，恰巧金兀术打了败仗退至三江口，断了粮草，便写信向龙王借粮草，龙王便把大马哈鱼赶向三江口送了个顺水人情。金兀术的兵将吃大马哈鱼，战马也吃大马哈鱼，得以渡过难关。至今，马不吃鱼，而只吃大马哈。后来，黑龙江边上的大车店便挂起了鱼叼罗圈招幌。

齐齐哈尔地区的大车店，挂鱼叼柳罐幌。夜改挂灯笼。柳罐，又称柳罐斗子，是饮马器具。有的车店，在鱼衔倒放的柳罐斗子下，再垂挂蒙半边红布罗圈。车店大小，也以悬挂罗圈多寡而分，最多挂七个，一般挂一个、三个、五个不等；挂一个罗圈的车店，是大筒子屋铺有炕席的通铺大炕，每位客人有一米宽固定铺位；挂三个罗圈的车店，设有行李；挂五个罗圈和七个罗圈的车店，都设有仓库和寄存处，供寄存货物和随身携带钱物，有的还设单间客房，兼营饭馆，亦常留宿二人转等东北地方戏曲艺人以酬客。

(3) 鱼幌

齐齐哈尔地方有的大车店，挂有木雕的鱼幌，又称红幌、半红幌。幌，用木圆雕成一条鲤鱼的形状，下坠两根红布条，用四根皮条吊在店门显眼处。鱼幌，是取鱼目不闭之意表示客栈昼夜营业，且管吃管住又管喂牲口。

(4) 笊篱幌

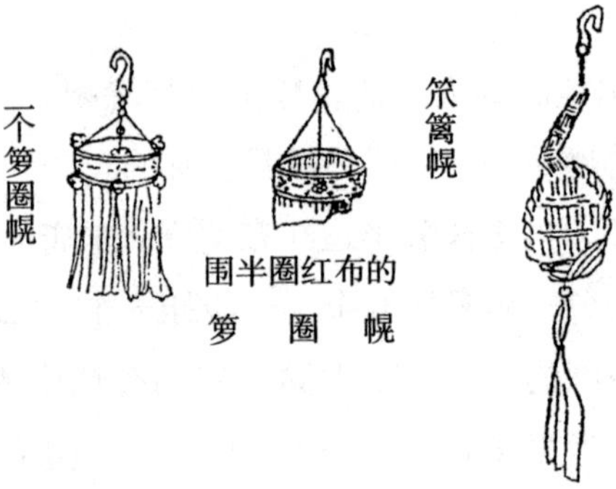

图3　招幌　选自《浑江文史资料》

亦为北方地区客栈常见的标志幌（见插图3)。清人西清《黑龙江外记》有这样的记载："（齐齐哈尔）城内外门前揭笊篱者，旅店也。外来投宿，例报番子房，土人则否。”笊篱，为炊事用具，意为客店管住管吃。这类客店，多为房间设备简陋、客人自带铺盖、宿价低廉的小客栈，多招待扁担手、货郎、换狗猫皮的、穷过路的，还留宿乞丐，饭食较简单。笊篱幌，直接取柳编大笊篱，笊篱头缀红布彩，幌钩系在笊篱把上，垂挂在店门口。(专营豆芽的店铺也挂笊篱，区别为四绳吊笊篱头横挂且不辍红布彩)

(5) 梨包幌

这也是北方专住赶大车和赶牲口的客栈的招幌。这类客栈，有通铺大炕，夏无被褥，冬吊一大被可盖十几人，有栈槽和泡草料的缸，伙食一般。

(6) 花筐幌

北方有一些客栈，称花店，也即小店。它的幌子，是店门口挂在桩子上的花筐，花筐是用小纸花堆积成盘儿做成的。留宿的客人，有锢漏锅的、货郎、卖大布包的生意人和打板先生、算卦先生、耍猴的、乞丐等江湖人。

(7) 木升幌

在山东泰山脚下的泰安城，旧时有稍大的客店，常接待读书人，故在店门前悬挂上下串联两只方形木升作招幌，取“连升”之意，招揽住客，亦求自家吉利。

2. 牌匾

牌匾，是客栈招幌另一种形式。

最初的牌匾，只是一块木牌，上书店馆名称或经营的项目，高悬门楣上。形式有横有竖，规格大小不一。牌匾制作，通常请当代知名人士或书法家书写，然后镌刻在牌匾上，多漆为黑底金字，有的还镶花边、刻纹饰。牌匾还有石质、铜质的。

现代饭店旅馆的招牌，多为霓虹灯、灯箱、金属及各种装饰材料制作的，或悬立于楼顶、门楣，或镶嵌于楼壁、门旁。

3. 楹联

以楹联作招幌，也是客栈一种习俗。其对联，有的文雅含蓄、藏头露尾。如“烟外暮钟催倦鸟/林间残照促归人”一联，烟外暮钟、林间残照，点明该是投宿的时候了，又营造出淡淡忧伤氛围，把旅客奔波劳顿的心理状态呈现出来；又以比兴手法“倦鸟”比“倦客”，林中的鸟儿都已归巢，疲惫的旅人也该寻个宿处了；通过对旅客的情感抚慰，增强其投宿意愿，让人看到此联便有如归之想。有的客栈楹联，则直奔主题、通俗易懂。如“路旁小店最顺路/家常便饭如到家”一联，运用朴实通俗的语言营造了“家庭”气氛，店是小店，又是顺路，饭是家常饭，便饭更宜人，一切都如此亲切、随意和方便，如家一般的客店还有不宿之理。旧时，客栈楹联，或雕琢楹柱上，或镌刻楹联木牌，也有红纸墨字贴于门两侧的。

(1) 常见客栈楹联

仕宦行台

安寓客商

大烹以养
小住为佳

自照鞍马
莫谈国事

到此且歇足
客至便为家

孟尝君子店
千里客来投

未晚先投宿
鸡鸣早看天

共对一樽酒
相看万里人

莫言身是寄

能使客如归

鸡鸣声早早
马去意迟迟
日中行路苦
月下宿宾欢

店中称适意
房内可安身

居安来客喜
喜客来安居

荒村雨露眠亦早
野店风霜起要迟

日子夕矣留客住
东方明也送君行

乡梦不随春夜永
客思偏向雨声多

银星未出先投宿
晓日方明赶路程

茅店月明鸡唱早
板桥雪滑马行迟

幽斋特下高人榻
古道频来长者车

今晚栖身留燕寓
明朝展翼赴鹏程

栈曲有云皆献瑞
房幽无地不生香

过客相逢应止宿

征途到此便为家

草席布衾迎远客
香茶淡饭款佳宾

风尘小住机难得
萍水相逢缘最奇

喜待东西南北客
五湖四海一家亲

浮生若寄谁非梦
到处能安即是家

赤心迎到三江客
笑脸送回四海宾

笑脸迎来远近客
热心欢送异乡人

楼外楼中皆暖意
客来客往见深情

行旅莫言身是寄
主人能使客如归

小住为佳客来则喜
引人入胜宾至如归

宾至如归声声笑语
客来是喜面面春风

萍水相逢见面如亲友
停车暂住入店似归家

鸿雁远去皆因大地春暖
旅客常来只为小店情深

春夏秋冬一岁川流不息

东西南北四方宾至如归

菜美饭香喜供佳宾醉饱
被温褥净笑迎远客安居

交以诚接以礼一团和气
近者悦远者来四海春风

日坠西行客身疲堪止步
鸦噪晚离人马倦可停骖

踪迹息风尘满地江湖仆仆
萍逢征会合一肩行李匆匆

道设通衢招来山上云外客
门临市井引进五湖四海宾

日返日归莫为鹧鸪行急急
有宾有客且随燕子住依依

甚好风光四季花开迎贵客
优良服务三秦名满待亲人

随地可安身莫讶乾坤为逆旅
当前堪适意且邀风月作良朋

南北可安身大好河山为逆旅
东西也适意无边风月是良朋

请为诵郑风诗适子之馆授子之粲
不能忘鲁论语观其所由察其所安

清洁舒心洗浴方便请君未晚先投宿
服务周到报时准确无须鸡鸣早看天

旅社有灯皆献瑞迎南北东西来往客
床铺无处不生香尽兄弟姊妹友朋情

莫道囊空问千里遨游带多少关山风月
特开陋室恐长途辛苦误勾留杨柳楼台

国中尚有人乎夜半鸡声
劝英雄莫忘起舞
我亦非无意者雪中鸿爪
是佳客尽管题诗

风雨送劳人特为筑室道旁
聊避劳人风雨
光阴如过客快去作羹厨下
莫延过客光阴

熙熙攘攘暮暮朝朝可怜他去去
来来个个劳劳碌碌
我我卿卿夫夫妇妇但愿得平平
稳稳年年喜喜欢欢

梨花肝胆共冰心揽景莫辞春
去也且看他浩浩巍峨放怀天下
山日乾坤敷玉镜照人无寐夜
何其绩容我茫茫空阔望眼神州

(2) 会馆楹联

作为远离故土、同乡或同行之人邸舍的会馆，寓住的多为游仕经商的人，所以会馆建筑中总少不了楹联。其中多为咏颂故乡山川风景、名产胜迹的：

画船烟雨下潭州听此间檀板金尊
乐府翻成望乡曲
瑶瑟清冷怀帝子更隔岸梅花玉笛
元风吹过江东来

（汉口之长沙会馆联）

秋来黄叶成村对景忽生归棹想
雨后青山满郭登楼常作故乡看

（贵州之江苏会馆联）

风景不殊江左右
湖山还忆浙东西

（贵州之浙江会馆联）

三辅滞书邮落木秋风衡岳雁
两湖话土物桃花春水武昌鱼

（陕西之两湖会馆联）

客居他乡的山水风物，易勾起思乡情怀，两厢对照，相得益彰：

栋梁萃杞梓梗楠带来衡岳春云荫留吴地

支派溯源湘资澧分得洞庭秋月照彻秦淮

（南京之湖南会馆联）

瓯浙越梅循海国仍持使者节

陇秦指疏勒榕垣还作故乡看

（福建之湖南会馆联）

泛洞庭湖八百里秋波挂席来游

三楚风涛携袖底

邀太白楼一千年明月凭栏远眺

六朝烟景落杯前

（武昌之湖南会馆联）

宾馆喜相逢同上吴城观落日

乡关查何处却寻衡岳望归云

（吴城之全楚会馆联）

桂林香近

梅岭春先

（梧州之广东会馆联）

还有缅怀故乡先贤，激励家乡学子的楹联：

前辈风流河朔人才犹可记

先儒乡里孝亭学派试重探

（福建之奉直会馆联）

五大洲文轨交通漫将赣水源流溯
廿世纪人才寥落当为庐山面目羞

（京城之江西会馆联）

（六）信仰·禁忌

1. 信仰

客栈从业者，为了自己和本行业利益，也要信仰某位或某几位神灵来作为一种精神的支柱。如清人纪昀《阅微草堂笔记》卷4说：“百工技艺，各祠一神为祖。”民间且有“三百六十行，无祖不立”的俗语，各业都有自己崇拜的神祇。客栈业，如中国其他工商行业一样，信仰崇拜呈一业多神的情况；一般多供奉“上马金，下马银”的关公、攘定纳福的火祖、三只眼的马王爷等等。另外，客栈业与饮食有紧密关系，因此厨业所奉祖师爷，如汉宣帝、灶君、易牙、彭祖等，也或有祭祀。中国的小民百姓在信仰上，一直是“凡百神灵尽须顶礼”、“礼多神不怪”的习俗，这便是客栈业信仰供奉神祇的庞杂和含混的特征之根源。

(1) 关公

关公，被奉为武财神和信义合作之神。《三国演义》中关公“上马金、下马银”、“封金挂印”和桃园结义、忠信重义的故事，是其奉神的根据，故而工商各业都供奉关公为行业保护神。客店旅馆经营者皆求财和标榜信义，则通祀这一财加信义之神。商业的各会馆、公所、公会也大多奉祀关圣帝，建有庙宇每日祭祀。可谓“关庙遍中华”。商家信奉关公，一为求利获财，二为团结、约束同业同帮。如山东泰安城通天街东的财神庙子街，旧有财神庙冲街设一神龛供奉财神，寓意“对我生财”；陕帮盐商所立《西秦会馆关圣帝庙碑记》则说：要效法关公桃园结友的义气，珍重金兰结义的交情。其言凿凿，其意昭昭。

(2) 火祖

火祖，也是客栈业信奉的保护神灵之一。客栈业没有祖师爷，故供保护神便相对多。清人逆旅过客《都市丛谈·恭庆祖师》说过：“无祖师之各商家到时亦必恭庆火祖。”火祖，亦称火神。它是位谁也说不清楚的神，但却是陶瓷业、冶铸业、铁匠业、书坊业、烟业、糕点业、消防业、典当业和客栈业等多业信奉的神祇，有祀炎帝、回禄的，有祀祝融的，有祀罗煊的，还有祀童周的，等等，具有明显的虚构性和附会性，因为这些都是与火有某些联系的传说人物，便胡乱尊为管火的神祖了。鲁迅在《且介亭杂文·关于中国的两三件事》中有过评说：“至于火灾，虽然不知道那发明家究竟是什么人，但祖师总归是有的，于是没有法，只好漫称之曰火神，而献以敬畏。”信奉火祖的工商行业，有用火的，有怕有火灾的，但所造之火神是管火的，哪儿用火哪儿怕火自然是了如指掌的。客栈业，既用火为客人烧汤做饭，又怕火因有粮草、货物和房产，故而祀火祖当更为虔诚。

(3) 马王爷

马王爷，称谓很多，如马神、马祖、马明王、水草马明王、青山水草马王，而民间俗称多为马王、马王爷。有俗语“不给你点厉害，你不知马王爷三只眼”，便是说的这位司管与马骡驴等牲畜有关行业的保护神。(见插图 4) 客栈业，自始有之日，便与“乘马服牛”、驿马驿驴密不可分，当然要恭奉这位神明。尤其是车马旅店，常接待用骡马大车送客送货的车老板。《画诀》祖师神马名位中就有车马店所用马王神马。

图 4　马王爷神马

选自《北京风俗图谱》

马王爷来历有三，一说为房星，又称天驷星。清人富察敦崇《燕京岁时记》“祭马王”条说“马王者，房星也。凡营伍中及畜养车马人家，均于六月二十三日祭之。”另一说为汉武帝时金日磾。惠西成、石子《中国民俗大观·猪的俗信》谈祭马王不用猪肉时说：“至于祭马王不用猪肉，乃是由马王爷身世而起的。相传马王是汉武帝时金日磾，他本是匈奴王子，入朝留居，生前曾任武帝的马监，因此后人奉他为马王。从前对外国人并不仔细研究他的国籍，一律大而化之地就算他是西域人，是回族，于是就不用猪肉来祭他了。”再一说是殷郊。殷郊，是殷纣王之子。传说殷郊发似朱砂、青面獠牙、三只眼、三首六臂，手执方天画戟、雌雄宝剑、番天印、落魂钟等多样兵器，相貌凶恶。《新疆寺庙》记载：“马王庙：供奉的是殷郊，地址在南关东稍门内靠全贞观西头路口，系养骡马骆驼、运输和开车马旅店、经营大牲畜者，以及农民们供奉。每年酬神演戏三天。”

早在周代，就有着祀马祖之礼了，“以四时祭马祖、先牧、马社、马步诸神”。那时所祭马祖为房星，“马出明精，祖自天驷”（晋·郭璞《马赞》）。春天是草长莺飞之时，理当祀马祖。夏天牧草旺盛，则要祭先牧神。秋藏之时，马须“赖乎土神以安其处所”，马社为“厩中之土示”，“阜厩所在，必有神焉”，马入厩理当祀马社神。冬祭马步神，“马方在厩，必存其神，使不为灾”，马步神便是“为灾害马者”，在厩中保佑马不受伤害。隋以降至明，历代都有官方祀马祖的制度。清代祭马神风俗兴盛不衰，还规定了祭日：农历六月二十三日。

民间各业祭祀马王，除各自具有一定行业特征的，其祭祀形式大体一致。每年农历六月二十三日马王诞日之时，称马王节，祭祀多在马王庙。张次溪《北平岁时志》卷6记有清代京中与骡马有关行业祭祀马王的情景：

> 六月二十三日，祭马王。京中蓄养骡马之人家铺家及各机关，皆举行之。马王纸像，纸店皆有，往购者名曰“请”。请至则供于桌台，前列钱粮（即元宝黄千章）及蜡烛、香炉、水果、鸡、鱼、羊头之类。马王像，红面多须，三目，一目竖立额际，六臂交叉，各执刀枪剑戟，身披铠甲，神码上书“水草马明王之神位”字样。神像之下，绘一供桌，供桌以前，绘一小马。故又于供品中加清水一碗，净草一小斗，即示专诚供此马也……至其祀典，亦甚单简，由各仆御等在供桌前烧香叩头后，即移请神码于庭，而焚诸门外。

所供马王神像，有的两边还有对联，“蹿山跳涧如履平地/追风赶月日行万里”，或“上山敌猛虎/下海斗蛟龙”。这对联之语，才是供奉者更为实在的愿望。在马王庙祭祀的，马王节那天，一般要请戏班来马王庙唱行会戏以酬神。

车马店的祭祀，有的只是在马号、马厩中。据说，在马厩祭祀马王爷，能驱避马瘟。

(4) 会馆的信仰

会馆四功能之一便为“祀神”，为会馆树立集体象征和精神纽带，因此会馆的神灵崇拜是很规范的。会馆的信仰崇拜，粗粗分来，同乡商业会馆多祀关公，文人会馆多祀文昌帝，同行商业会馆则多祀各自的行业祖师。但也多有一庙多神的供奉。

关公这位“万能之神”，自然也是商者必奉之神。山西运城县解州西关关羽老家那座“关庙之最”庙内的那副对联，很能说明关公信仰的普遍和信奉者的心理，联曰：

三教尽皈依正直聪明心似日悬天上

九州隆享祀英灵昭格神如水在地中

山西是关公老家，陕西传为关公改姓之地，故而山西、陕西在全国各地的会馆均祀关圣帝。商业会馆除大多奉祀关公外，因商旅生活行旅货运中常有闪失，又有奉祀保佑运输行旅安全的神祇的习俗。如上海的潮州会馆供奉保证海运平安的妈祖天后妃；天津的江西会馆供奉江西火灾舍身退水的许真君；山东济宁商人因以运河运货至江苏，在吴江县盛泽镇所建济宁会馆正殿名大王庙，供奉水神金龙四大王；陆路运输的多奉马王爷，北京的临襄会馆油盐粮商人供奉诸神中有“马王老爷”；等等。(见插图 5)

图 5　天后娘娘神马

选自《中国行业神崇拜》

同行的商业会馆，一般皆各自敬奉本行的祖师，如梨园会馆祀老郎君，纸行会馆祀蔡伦，磨坊公所祀马牛王，钱业会馆祀赵公明，礼茶会馆祀周公、叔孙，靴鞋行会馆祀孙膑，等等。各行业会馆、公所都建有祭神的殿堂，且都为会馆、公所的主体建筑。有的会馆则设在庙中，合二为一，如许多地方的老郎庙、四川的一些会馆均如此；由于祀神是会馆的基本功能，神庙又与会馆结合一起，所以行业神庙的庙名常与会馆名称并行称谓，如颜料会馆又称仙翁庙，酒业公所又称杜康庙；有的则二者糅合一起称谓，如有的理发业公所称吕祖庙公所。在神诞神忌日、年节、从业、退业以及其他庆贺活动时，都要祀神，有的行业会馆每月朔望或每日早晚都有专人祭神。《都市丛谈·恭庆祖师》记述了清代北京“各行工人恭庆祖师，向以上半年居多数，除去理发行系七月中旬，其余多在三四月间，天气不冷不热，正好办理祖师会。一则可以说说公话，二来同行借此聚会一天。无论哪行，是日都要演戏酬神，并献云马钱粮，以资庆祝。其一切费用皆出自本行，或由大家集资，或由工码儿内坐扣”。如杭州纸行公所，又称聚锦堂，每年农历三月十六日蔡伦祖师诞辰，便在公所演戏庆贺。

文人会馆，所祀神祇为文昌帝君。北京的会馆大都供奉这位文昌帝君，建有殿阁，塑有偶像，以时祭祀。文昌帝君，为主宰功名、禄位之神。因功名禄位之故，京城士子会馆里对教育祖师孔子祭祀的场所，确不多见到。北京菜市口南边烂缦胡同内有处湖南会馆，其中有座毛泽东青年时期曾在此住过的二层小楼，便是以前供奉文昌帝君的文昌阁。

2. 禁忌

旧时，客栈经营活动中的禁忌，与其他商贸店铺的禁忌大体一致。如：

在店堂门口，禁忌打呵欠、伸懒腰、手托门枋等。否则，俗以为挡住了财神进门。把生意赶跑了，发不了财。

忌讳有人踏踩或坐于门槛上；禁忌冲店门小便；这大约与门神信仰有渊源关系。

店伙计禁忌面朝里、背朝店门坐；扫地忌往门口方向洒扫；忌敲打账桌；忌讳玩弄算盘和反搁算盘；还禁忌坐卧在柜铺上、桌柜上，忌躺睡于接待客人的条椅上等等。以为不忌讳便招致财气出门，生意不顺。

现代饭店旅馆的禁忌，与旧时客栈对我国古代礼仪之禁一样。如今接待外国宾客日益增多，则多以国外礼仪之禁而遵行之。如：

给客人送花时，禁用 13 枝；除丧事外，禁忌送紫色花；这与西方国家信仰习俗有关联。

迎宾员在门前为上、下车客人护顶时，应禁忌给两种客人护顶。一种是信仰伊斯兰教的客人；一种是信奉佛教的客人。他们认为手挡在头顶上，会挡住佛光。

餐饮服务上，如禁忌给美国客人上含有味精的菜点和各种肉禽的内脏菜肴等。

总之，国外宾客各自国家礼仪、行旅中的禁忌，也便是我国现代饭店经营服务的禁忌，还有中华民族传统的禁忌。

（七）文人笔下的客栈

辑录文人们所写我国东西南北各地客栈，有史料性，又有文学性，读来轻松愉快——

1. 施耐庵、罗贯中笔下的祝家店

再说杨雄、石秀、时迁……行到郓州地面，过得香林洼，早望见一座高山，不觉天色渐渐晚了，看见前面一所靠溪客店，三个人行到门首看时，但见：

前临官道，后傍大溪。数百株垂柳当门，一两树梅花傍屋。荆榛篱落，周回绕定茅茨；芦苇帘栊，前后遮藏土炕。右壁厢一行，书写“庭幽暮接五湖宾”；左势下七字，题道“户敞朝迎三岛客”。虽居野店荒村外，亦有高车驷马来。

当日黄昏时候，店小二却待关门，只见这三个人撞将入来，小二问道："客人来路远，以此晚了。"时迁道："我们今日走了一百里以上路程，因此到得晚了。"小二哥放他三个入来安歇，问道："客人不曾打火么？"时迁道："我们自理会。"小二道："今日没客歇，灶上有两只锅干净，客人自用不妨。"时迁问道："店里有酒肉卖么？"小二道："今日早起有些肉，都被近村人家买了去，只剩得一瓮酒在这里，并无下饭。"时迁道："也罢，先借五升米来做饭，却理会。"小二哥取出米来与时迁，就淘了，做起一锅饭来，石秀自在房中安顿行李，杨雄取出一只钗儿，把与店小二，先回他这瓮酒来吃，明日一发算账。小二哥收了钗儿，便去里面掇出那瓮酒来开了，将一碟儿熟菜放在桌子上。时迁先提一桶汤来，叫杨雄、石秀洗了脚手，一面筛酒来，就来请小二哥一处坐地吃酒，放下四只大碗，斟下酒来吃。

石秀看见店中檐下，插着十数把好朴刀，问小二哥道："你家店里怎的有这军器？"小二哥应道："都是主人家留在这里。"石秀道："你家主人是甚么样人？"小二道："客人，你是江湖上走的人，如何不知我这里的名字？前面那座高山，便唤做独龙山。山前有一座另巍巍冈子，便唤做独龙冈，上面便是主人家住宅。这里方圆三十里，却唤做祝家庄。……这里唤作祝家店。常有数十个家人来店里上宿，以此分下朴刀在这里。”石秀道：“他分军器在店里何用?”小二道：“此间离梁山泊不远，只恐他那里贼人来借粮，因此准备下。”……

……

只见那店小二略睡一睡，放心不下，爬将起来，前后去照管，只见厨桌上有些鸡毛和鸡骨头，却去灶上看时，半锅肥汁，小二慌忙去后面笼里看时，不见了鸡，连忙出来问道：“客人，你们好不达道理，如何偷了我店里报晓的鸡吃!”……石秀道：“不要争，直几钱，赔了你便罢。”店小二道：“我的是报晓鸡，店内少他不得，你便赔我十两银子也不济，只要还我鸡。”……小二叫一声：“有贼!”只见店里赤条条地走出三五个大汉来，径奔杨雄，石秀来……（石秀）便去灶前寻了把草，灶里点个火，望里面四下焠着。看草房被风一煽，刮刮杂杂火起来。那火顷刻间天也似般大。三个拽开脚步，望大路便走。

（摘自《水浒传》第45回）

2. 吴承恩笔下的赵寡妇店

……正行时，忽见那隅头拐角上一湾子人家，人家门首挂着个灯笼儿……正当中一家子方灯笼上，写着“安歇往来商贾”六字，下面又写着“王小二店”四字……有八九个人，都吃了晚饭，宽了衣服，卸了头巾，洗了脚手，各各上床睡了。

……只见那小二走向前，分付：“列位官人，仔细些。我这里君子小人不同，各人的衣物、行李都要小心着。”你想在外做买卖的人，那一样不仔细？又听得店家分付，越发谨慎。他都爬起来道：“主人家说得有理。我们走路的人辛苦，只怕睡着，急忙不醒，一时失所，奈何？你将这衣服、头巾、搭联都收进去，待天将明，交付与我们起身。”那王小二真个把些衣服之类，尽情都搬进他屋里去了……又见王小二去门首摘了灯笼，放下吊搭，关了门窗，却才进房，脱衣睡下。

……

四众忙忙的牵马挑担，跑过那边。此处是个太平境界，入更时分，尚未关门。径直进去，行到王小二店门首……往斜对门一家安歇。那家子还未收灯笼，即近门叫道："店家，可有闲房儿，我们安歇?"那里边有个妇人答应道："有，有，有。请官人们上楼。"说不了，就有一个汉子来牵马。行者把马儿递与牵进去。他引着师父，从灯影儿后面，径上楼门。那楼上有方便的桌椅，推开窗格，映月光齐齐坐下。只见有人点上灯来。行者拦门，一口吹息道："这般月亮不用灯。"

那人才下去，又一个丫环拿四碗清茶。行者接住，楼下又走上一个妇人来，约有五十七八岁的模样，一直上楼，站着旁边。问道："列位客官，那里来的? 有甚宝货?"行者道："我们是北方来的，有几匹粗马贩卖。"……妇人笑道："孙二官人诚然是个客纲客纪。早是来到舍下，第二个人家也不敢留你。我舍下院落宽阔，槽札齐备，草料又有，凭你几百匹马都养得下，却一件：我舍下在此开店多年，也有个贱名。先夫姓赵，不幸去世久矣。我唤做赵寡妇店。我店里三样儿待客。如今先小人，后君子，先把房钱讲定后，好算账。"行者道："说得是。你府上是那三样待客? 常言道：货有高低三等价，客无远近一般看。你怎么说三样待客? 你可试说说我听。"赵寡妇道："我这里是上、中、下三样。上样者：五果五菜的筵席。狮仙斗糖桌面，二位一张，请小娘儿来陪唱陪歌。每位该银五钱，连房钱在内。”……“中样的：合盘桌儿，只是水果、热酒筛来，凭自家猜枚行令，不用小娘儿，每位只该二钱银子。”……“下样者：没人服侍，锅里有方便的饭，凭他怎么吃；吃饱了，拿个草儿，打个地铺，方便处睡觉；天光时，凭赐几文饭钱，决不争竞。”……行者道：“……把上样的安排将来。”那妇人满心欢喜，即叫：“看好茶来。厨下快整治东西。”遂下楼去，忙叫：“宰鸡宰鹅，煮腌下饭。”又叫：“杀猪杀羊，今日用不了，明日也可用。看好酒。拿白米做饭，白面擀饼。”……行者道：“今日且莫杀生，我们今日斋戒。”……“如今且去安排些素的来，定照上样价钱奉上。”那妇人越发欢喜。跑下去教：“莫宰！莫宰！取些木耳、闽笋、豆腐、面觔，园里拔些青菜，做粉汤，发面蒸馍子，再煮白米饭，烧香茶。”咦！那些当厨的庖丁，都是每日家做惯的手段，霎时间就安排停当，摆在楼上。又有现成的狮仙糖果，四众任情受用，又问：“可吃素酒？”行者道：“止唐大官不用，我们也吃几杯。”寡妇又取了一壶暖酒。他三个方才斟上，忽听乒乓板响。行者道："妈妈，底下倒下甚么家火了?"寡妇道："不是，是我小庄上几个客子送租米来晚了，教他在底下睡。因客官到，没人使用，教他们抬轿子去院中请小娘子儿陪你们。想是轿杠撞得楼板响。"行者道："早是说哩。快不要去请。一则斋戒日期，二则兄弟们未到。索性明日进来，一家请个表子，在府上耍耍，待卖了马起身。"寡妇道："好人！好人！又不失了和气，又养了精神。"教："抬进轿子来，不要去请。"四众吃了酒饭，收了家火，都散讫。

（摘自《西游记》第 84 回）

3. 张岱笔下的泰安州客店

客店至泰安州，不复敢以客店目之。余进香泰山，未至店里许，见驴马槽房二三十间；再近，有戏子寓二十余处；再近，则密户曲房，皆妓女妖冶其中。余谓是一州之事，不知其为一店之事也。投店者，先至一厅事，上簿挂号，人纳店例银三钱八分，又人纳税山银一钱八分。店房三等：下客夜素早亦素，午在山上用素酒果核劳之，谓之"接顶"。夜至店，设席贺，谓烧香后求官得官，求子得子，求利得利，故曰贺也。贺亦三等：上者专席，糖饼、五果、十肴、果核、演戏；次者二人一席，亦糖饼、亦肴核，亦演戏；下者三四人一席，亦糖饼、肴核，不演戏，用弹唱。计其店中，演戏者二十余处，弹唱者不胜计。庖厨炊爨亦二十余所，奔走服役者一二百人。下山后，荤酒狎妓惟所欲，此皆一日事也。若上山落山，客日日至，而新旧客房不相袭，荤素庖厨不相混，迎送厮役不相兼，是则不可测识之矣。泰安一州与此店比者五六所，又更奇。

（摘自《陶庵梦忆》卷4）

4. 王度庐笔下的甘州来安店

在中国西北部甘凉大道上，处处是雄关要隘、大山长河，地极辽远，路极难行。当地的人民大都依山凿穴而居，贫穷殊甚，只有张掖（甘州）、武威（凉州）两个地方，因系商旅麇集之所，所以还比较殷实。但在清中叶的那几年……这个地方也荒凉不堪。

时在严冬，连日大雪，靠近甘峻山的张掖城天气极为寒冷。北风呼呼，触面如割，连那最不怕冷的骆驼，都卧在店房的圈里缩成了一团。……

可是开店的人倒显得清闲，因为平常往来的客旅此时早已各自回家度岁，买卖也都结账了，除了街上那些应时的买卖，谁也不再交易。所以东门外最大的那家店房“来安店”，现在住着不到十个客人。说个准数目吧，连在那儿已住了半年多，贫无可归，早先住在北房，现在被店房把他赶到存马粪的小屋里的韩秀才都算上，一共还有五个人。

韩秀才会看病，店里今天的春联要由他给书写，所以大概暂时他不至于被赶出了。还有是那倒运的拉骆驼的黑三，因为他一共四只骆驼，倒有两只生了病，死也不死，走又不能走，只好把他也蹲在这儿过年。好在他跟店主人是乡亲，又不是白住着，扫雪、铲煤、挑水，那是他的事，他还会帮助包饺子。此外就是北屋了，这可了不得，住的是一家官眷，是一位太太带着仆妇。老爷没跟着，却有一位老家人，是另住在一间屋里。

……

那辆车放在当院中，院子的雪时时经黑三扫除，可是还将车轮埋没下盈尺。骡子是跟四只骆驼爬在一块儿，那里上面虽有草棚，可是也快被雪给压塌了。

赶站的人是往本城住的亲戚家里过年去了……拿着支用的一半车钱赌去了。

这里只是方福在发牢骚，店主人醉老财跟他一边饮着酒，一边谈闲话。炕头上三个伙计都是盘脚打坐，在那儿斗纸牌。里首就通着厨房，黑三在那儿给下面，有个十二三岁的小孩子名叫秃子的，坐在地下拉风匣……外屋柜房可已然点上了灯了，并且因为年底的关系，醉老财也不在灯油上打算盘了，他又加点了一只灯……

这东门外大街上，十家倒有八家是店房，而是这来安店的门面最大，最为显眼，所以这骑马人来到门前就止住……牵着马入半扇还没关的店门。她看见了柜房中的灯光，就大声喊："店家！店家！"

……

醉老财皱了皱眉，叹了一口酒气，就只好叫伙计给东屋里点上灯，烧上炕。

秃子上前卸马，黑三去搬行李……

……东屋是很小的一间屋子，四壁皆是黄土垒成的，并在墙上掏了几个方形的深洞，是为客人存放东西之用的，就仿佛壁橱似的。四壁萧然，除了炕上的一张芦席、一块砖头，壁上挂着一只半明不灭的油灯之外，就别无什物。外边有个窟窿通到炕里，炕里早就放好了晒干的马粪了，从窟窿塞进了燃着了的干草，立时炕里就着起火来……

这时炕上的那些人依然大赌，那赶车的带来仅有的两串钱，开了两宝他就输光啦……

那赶车的是把刚才的一吊钱也输净了，他无精打采的，可还看着那三个伙计斗纸牌。斗纸牌又不像开宝那么要吆喝，并因掌柜子都已睡了，大家都不敢高声说话，所以室中甚为寂寞……就坐在炕上，抱着两腿儿打瞌睡。

……

醉老财……躺在被窝里算账。方福就把饭费全都给了，余外还赏了各个伙计每人一两银子的节钱，并叫店里给他预备一罐子酒……这赶车的咬牙打战，冻手冻脚牵着骡子，到院中把车套上，披上他那光板无毛的老羊皮袄，戴上两只兔子皮的耳朵套，揣着手儿，拿着鞭子，有个伙计已然起来给开了大门。……方福向伙计拱手说："再会！"又向柜房高声说："掌柜的！过年再见！"他跨上了车辕，赶车的也跨左边的车辕，鞭子一响，车轮轧开了雪，咕隆走出店门去了。

（摘自《铁骑银瓶》第1回）

四、旅客速写

如果要问：旅宿客栈的都是哪些人等？那么回答这个问题，只有套用一位伟人幽默回答南京长江大桥每日过多少人的答话了：工、农、商、学、兵。

我们具体到一个客栈来考察。黑龙江省拜泉县东街的信义店，1926 年的店簿有这样记载：何种职业？有“儒士、差弁、商人、农民、手艺、医生、书计，”何干？有“词讼、办事、谋事、找人、找活、在案、赶集、讨债、探亲访友、治病”等。一叶而知秋。可以说，客栈接待的客人上自皇帝下至乞丐，各色人等无所不包。

这各色人等入住客栈，吃、住、娱乐，享受有形设备、空间和无形的服务。这样，也便产生客栈这个小环境对客人的语言行为上的影响，加之社会公德的遵循、优良行旅生活经验的交流，长此以久，民众约定认同，便逐渐形成了旅宿的种种习俗。

（一）送迎习俗

迎来送往之仪是最见情肠的。(见插图 6)

图 6　送　别

清顺治刊本《新编乐府清音歌林拾翠二集》

插图《南西湘·送别》)

1. 送别礼俗

(1) 折柳赠别

一说到送别远行之人，便会使人想到唐代王维那首脍炙人口的《送元二使安西》：

渭城朝雨浥轻尘，客舍青青柳色新，

劝君更进一杯酒，西出阳关无故人。

这里所吟客舍柳色新，是取折柳赠别之典。传为六朝人撰写的《三辅黄图》卷6“桥”条这样说：“灞桥，在长安东，跨水作桥。汉人送客至此桥，折柳赠别。”柳丝，柔长不断，大概取寓思念牵挂不绝的情愫。唐代从长安往西去的，多在渭城送别，与东去在灞桥送别相仿，故而，《雍录》解释说：“王维诗随地纪别，而谓‘渭城’、‘阳关’，其实用‘灞桥折柳’故事也。”

折柳赠别之礼俗，始于汉，这在汉魏佚名诗《古诗十九首》中也有表现，“青青河边草，郁郁园中柳’，“荡子行不归，空床难独守”等。至南朝再唐朝，此俗更盛。后虽无折柳的实际行为，但客舍多植柳，送客一程饯行赠别则延为习俗。如唐人权德舆《送陆太祝》诗：“新知折柳赠，旧侣乘篮送。”清人龚自珍《摸鱼儿》词：“朝朝送、客长亭岸，身似芦沟柳树。”也用折柳之典。

(2) 饯行

饯行习俗，是由古代祭祀行神传承来的。行神，是远古时代启导、保佑行旅生活的神，亦称祖神。出行，便要祭祀行神，称祖道；因向行神祝祷祈行旅平安之后，行旅者同送行的人们还要行“饯”的礼仪，即“饮酒于其侧”，所以祖道又称祖饯。至魏晋之时，祖饯祈祝行旅安全的意义淡漠了，而“饯”的意义增强了，成为会聚亲友抒发行旅离别之情的礼俗形式。

先秦时的“饯”，一般是行旅者出行后，宿于某处时，再行此仪。《诗经·大雅·韩奕》描述了当时“饯”的情景：“韩侯出祖，出宿于屠。显父饯之，清酒百壶。其肴维何？炰鳖鲜鱼。其蔌维何？维笋及蒲。其赠维何？乘马路车。笾豆有且，侯氏燕且。”是说：韩侯出行祖道，停宿于屠地。显父主持饯送，准备百壶清酒。什么作肴馔？蒸鳖及鲜鱼丝。什么作菜蔬？竹笋及青蒲。什么作赠物？乘马及路车。丰盛的美食美器，华族满座。又如《诗经·邶风·泉水》：“出宿于沸，饮饯于祢。”“出宿于干，饮饯于言。”这于停宿之处饯送行旅之人的风习，可谓源远流长。

魏晋以后，敬奉行神的酒越来越淡薄，敬奉行客的酒越来越醇厚。如杜甫有《江亭送眉州辛别驾升之》：“柳影含云幕，江波近酒壶。异方惊会面，终宴惜征途。”柳永写有在长亭帐饮、依依难舍之情的《雨霖铃》，词曰：

寒蝉凄切，对长亭晚，骤雨初歇。都门帐饮无绪，留恋处，兰舟催发。执手相看泪眼，竟无语凝噎。念去去千里烟波，暮霭沉沉楚天阔。

多情自古伤离别，更那堪、冷落清秋节。今宵酒醒何处？杨柳岸，晓风残月。此去经年，应是良辰好景虚设。便纵有千种风情，更与何人说？

这长亭饯行，离情别绪描摹颇真切。

饯行礼仪后，则“祖席诸宾散，空郊匹马行”了，“暮霭沉沉”的旅程不见尽头；倘若“饯客未归城，东来驺骑迎”，那么，这行旅客便要去赴下路的迎接礼仪了。

2. 迎接礼俗

设宴迎接经历长途行旅生活而停宿的客人，民间俗谓：洗尘，接风。

洗尘与接风，最初当不是宴迎之意。洗尘，或许就是行旅中风尘仆仆投宿后先要洗濯之义。接风，大概源起于水上客运，风行水上谓顺畅，船帆之帆古字“颿”，入住客栈，自然需“接风”，而继续风行水上、高飒电逝。送别赠言，不是常说“一路平安”、“一帆风顺”、“一路顺风”的么？

中国古代将“蒙尘于外”、“蒙尘路次”作为人生的逆境苦难。“好出门不如赖在家”的俗语，最能说明古人行旅的心理。东汉著名学者蔡邕有一篇用于行旅祖道的《祖饯祝》，其中便祷祝：“君既升舆，道路开张。风伯雨师，洒道中央。”是希望出行前雨师洒道，以免旅途之中土路扬尘，少受“蒙尘”之苦。

洗尘，有时又称洗泥、濯足、软脚，原意都是用汤洗除脚污，使旅人的行脚得以休息放松。这行旅者洗尘软脚，便与客栈晚间烧脚汤，而相契成俗。

有了上马杯的“饯行”，而下马饭便也演变成洗尘筵、软脚局、接风酒了。明人张存绅《雅俗稽言》卷17“洗泥”条下说：

> 凡朝臣出有赐，曰“饯路”；反有劳，曰“软脚”。方言有“洗泥酒”。东坡云“多买黄封作‘洗泥’”是也。今俗凡于人出曰“饯程”，反曰“接风”。杨文贞因陈司业入京，贻诗云：“下马须‘湔洗’，呼儿送一壶。”亦用“洗泥”语。

明人陆嘘云《诸书直音世事通考》卷上又说，招待远道行旅归来者洗泥，又称濯足。马周初入逆旅，见数公子不顾，竟呼斗酒“濯足”，众人皆为之惊异。这用酒“濯足”故事，是马周从曹州、汴州入关西行长安途中，就宿于新丰的逆旅时发生的，《喻世明言》卷5《穷马周遭际卖䭔媪》把它演义成一个通俗生动的故事——

马周道：“俺一路行来，没有洗脚，且讨些干净热水用用。”王公道：“锅子不方便，要热水再等一会。”马周道：“既如此，先取酒来。”……一连暖五斗酒，放在桌上，摆一只大磁瓯，几碗热菜之类。马周举瓯独酌，旁若无人。约莫吃了三斗有余，讨个洗脚盆来，把剩下的酒，都倾在里面，躧脱双靴，便伸脚下去洗濯。众客看了，无不惊怪。王公暗暗称奇，知其非常人也。同时岑文本画得《马周濯足图》，后有烟波叟题赞于上，赞曰：“世人尚口，吾使尊足。口易兴波，足能踄陆。处下不倾，千里可逐。劳重赏薄，无言忍辱。酬之以酒，慰尔仆仆。令尔忘忧，胜吾厌腹。吁嗟宾王（马周的字），见超凡俗。”

小说家冯梦龙用夸诞的手法，向我们讲述了马周在客栈斗酒洗脚的历史逸事。

接风一语的使用，大约肇起于以“风”为动力的帆船客运兴起的年代。元人石子章《竹坞听琴》第一折："打扫书房，着孩儿那里安歇，便安排酒肴，与孩儿接风去来。"明代徐𤧚《杀狗记·拒绝乔人》："又闻得二哥回家，特备一杯水酒接风。"

宴迎旅客的洗尘接风酒食，还有"下马饭"、"下程"的说法。《警世通言》卷21《赵太祖千里送京娘》有过描述："（公子）复身到店家，大盼盼的叫道：'大王即刻到了，洒家是打前站的，你下马饭完也未?'店家道：'都完了。'公子道：'先摆一席与洒家吃。'……大鱼大肉，热酒热饭，只顾搬将出来。"清人西厓《谈徵·事部·下程》说："世谓下马饭也。夫登途曰上路，则停骖当曰下程，必有归饩以食，故有谓归饩曰下程也。"

至于软脚，敦煌变文《捉季布传文》曾记，汉高祖"差朱解为齐使"，"骤马摇鞭"涉风尘，归来后，"归宅亲故来软脚，开筵列馔广铺陈"。

（二）宿泊习俗

1. 投宿

行旅者途中寻找宿夜之处，一般称投宿；亦称：投店、觅店、讨店、宿歇、宿顿、解房、落宿等。《包龙图智勘后庭花》第三折写有行旅中投宿的情节：“〔旦上云〕正走间被巡城卒冲散了俺母亲，不知所在。天色晚了，我去这店里寻一个宵宿处。〔做见店小二科云〕哥哥，我来投宿。〔小二云〕小娘子，头间房儿干净。〔旦云〕你与我一个灯咱。〔小二云〕我与你点上这灯。”此处说投宿。《水浒传》第61回有：“行了四五日路程，每日天晚投店安歇。”宋代无名氏《张协状元》戏文第40出则称投宿为讨店，“吃罢酒，各发担，过五鸡山，方许讨店，不许庙宇寺观止宿。”《元典章·户部二·官吏》写道：“江南之任官员”可以“宿顿馆驿，放支饮食马匹草料”。《初刻拍案惊奇》卷4《程元玉店肆代偿钱，十一郎云岗纵谭侠》写道：“程元玉在马上问他道：‘前面到何处可以宿歇？’那人道：‘此去六十里，有杨松镇，是个安歇客商的所在，近处却无宿头。’”《警世通言》卷37《万秀娘仇报山亭儿》说：“尹宗道：‘路上一似姊妹，解房时便说是哥哥妹妹。’”这里解房“解”字，为租赁之义。郭沫若《洪波曲》第14章称投宿为落宿：“我们头一天晚上也是落宿在澧县。”这里“落”是落脚停留的意思。

投宿客栈，当是店有所属、人有所选。什么人家什么店，其习俗已在漫漫历代进程中自然生成。

官吏，行旅是他们社会生活重要的组成部分，故而有旅宦、游宦之称。自秦汉始，地方官吏大多历任数职，如牛马一般为君王驱役，千里奔走，不避风尘，转仕于各地。汉代官员早有“牛马走”的自称习用文语；唐朝白居易曾自谓“泥途吏”，极言官吏行旅生活的艰辛，“可怜趋走吏，尘土满青袍。”（《权设昭应早秋书事寄元拾遗兼呈李司录》诗）。清人曹寅《赵北口》诗也言：“回身感旅宦，辕辙何时休。”旅宦的行旅要发给勘合，住规定的公馆官舍，到一处查验一次勘合，并做是否超标准接待的记录，行程时限又十分严格，使官吏不得不疾行急驶。其苦辛滋味，如明人高树嗣《再过紫君寺》诗所写：“宦味同鸡肋，官程任马蹄。”其行旅生活可见一斑。

学人，古代以“读万卷书，行万里路”作为一种追求，将学术成就与行旅生活相辅相长关系作为一种传统，故有“游学”之称。通过行旅生活成就大学问的，如：古代奉为圣人的孔子，“仲尼一旅人，栖栖去齐卫”（顾炎武《寄弟纾及友人江南》诗）。在周游列国中建立他的学说；足迹遍及天下的汉代史学家司马迁，而做出“史家之绝唱，无韵之《离骚》”（鲁迅语）的《史记》；明代大学问家徐弘祖则是以历时30余年的游历生活见闻，而著得《徐霞客游记》；明末清初著名思想家顾炎武，则以二马二骡，载书自随游历四方，后写出学术名著《日知录》，而成就他的学问……学人游学行旅，多宿于公馆、驿站和逆旅以及寺观山房。赶考的学子，除明清时多宿于会馆外，一般喜欢投宿于离考院、考棚较近的客舍里，这些客舍多名之“某升店”、“某魁店”，如高升店、中魁店等。

商人，为生计为逐利，行迹可至“四海”，可达“三江”，“天下熙熙皆为利来，天下攘攘皆为利往”，周流天下，无所不至，故而称他们为“行商”。虽然封建社会一直实行“重土抑商”政策，历代商人仍以顽强意志活跃在社会中，“千里游敖，冠盖相望，乘坚策肥”（《汉书·食货志上》），“牛马车舆，填塞道路”（王符《潜夫论·浮侈》）。《喻世明言》卷5《穷马周遭际卖䭔媪》中描述有唐代商人投宿客栈的情境：“马周来到新丰市上，天色已晚，只拣个大大客店，踱将进去。但见红尘滚滚，车马纷纷，许多商贩客人，驮着货物，挨三顶五的进店安歇。店主王公迎接了，慌忙指派房头，堆放行李。众客人寻行逐队，各据坐头，讨浆索酒。小二哥搬运不迭，忙得似走马灯一般。”唐代商人除住阔绰些的客栈外，还常宿于邸店之中，因为唐时商业以邸店为重心，邸店则又是与转运商货相结合的客店。唐商人多以转运货物为主营，甲货物产地或集散地购出，运往乙地抛售，这类转运商人，时俗称估客。唐人元稹《长庆集·估客乐》诗曾说：“估客无住著，有利身则行。”他们则是带了货物，来到邸店，在这儿销货，在这儿食宿。“城中东西市，闻客次第迎；迎客兼说客，多财为势倾。”明清时，商人多寓居会馆中。

手艺人、货郎、赶大车的、拉骆驼的、说书唱戏的、走亲访友的农人等等小民百姓，多投宿在鸡毛小店、马车店、茅店、花店之中。他们投宿，没有官吏的声色犬马，没有商人的喧嚣阔绰，没有学人的文雅风流，默默地来，又默默地去。只是那赶大车的来时有些特别。因为大车店就是为车老板开的，车老板应是车店的“财神爷”，所以在那个特定的环境里，有“车虎子进店，赛过知县”的习俗。这样，车老板投宿进车店院里时便形成了“甩三鞭”的规矩。车老板驾车而来，入店门之前，高扬车鞭甩出三声响鞭，鞭甩得越响，越显车老板的威风。掌柜的和伙计听到鞭响，会马上出门笑脸迎接投宿的车老板。

官吏出差办事要带有凭证，其凭证名：元代称文引、明清称勘合。勘合之上，详细注明奉差官员姓名、职级、所应支取的口粮标准、舟车数额、随员名额、在途期限等，并附有尾单。投宿途中各个驿站，便要交验勘合，起程前驿站则填写：有无额外需索情节，是否延误程期，并加盖驿印，然后归还给奉差官员。勘合用完后，须于三日内上交备查。普通人想投宿到官办驿站里，可以花钱买个勘合的。如《警世通言·钝秀才一朝交泰》记述过此类事情，“又将银五十两买了个勘合，驰驿到京。”民国时期，旅客投宿必须持“国民手账”登记宿泊。至今，仍有此俗遗风。

此外，还有“早投宿”的习俗。唐人耿沣《客行赠人》说：“旅行虽别路，日暮各思归。”日暮早投宿，以保行旅的安全。

2. 歇宿

行旅中途宿歇的形式很多，除客栈外，还可以借宿村寨的门房、寺院的山房或山间河畔的茅庐、干栏，也可直接宿在田间、树下、车上，也有泊宿船中的。宿田间、树下、车上和借宿各处的，与客栈之题太远，在此不赘。客船则多设有客房或客寮、客榻，供行旅者如在客栈一般的歇憩。如唐代诗人张籍《贾客乐》诗，便描绘了商贾歇宿船中的生活：

金陵向西贾客多，船中生长乐风波。
欲发移船近江口，船头祭神各浇酒。
停杯共说远行期，入蜀经蛮远别离。
金多众中为上客，夜夜算缗眠独迟。
……

《醒世恒言》卷32《黄秀才徼灵玉马坠》，写黄生搭乘顺路船，船上伙计说："但前舱货物充满，只可于艄头存坐，夜间在后火舱歇宿。"雇主商人及正式乘客，当有更舒适的歇息条件。还有的虽至目的地却仍喜欢舟中的宿处，如《初刻拍案惊奇》卷32《乔兑换胡子宣淫，显报施卧师入定》写道："到了秀州，唐卿更不寻店家，就在船上作寓。"周作人《乌篷船》中写乌篷船中也有铺位可供宿夜："夜间睡在舱中，听水声橹声，来往船只的招呼声，以及乡间的犬吠鸡鸣，也都很有意思。"（见插图7）

宿歇客栈起程前都要交店、饭钱，除春秋战国时期贵族们兴办的私馆和后代官宦所做的义舍外，私营客栈经营者都是通过"房宿饭钱"赢利的，如《隋书·李谔传》中评说的："临道店舍，乃求利之徒，事业污杂，非敦本之义"。能"以供过客，而不受其报”的情形是极少见的。东汉时，有个叫第五伦的，在家乡高陵（属陕西）当乡啬夫，一干好多年老没长进，便携家带眷客居河东，改名叫王伯齐，做起了卖盐生意。贩盐于太原、上党之间，沿途歇宿客店，起程前总把所宿客房收拾得干干净净。时间一长，客舍主人知他如此，送他一个雅号“道士”，即有道之士。店主都主动邀请住自己的客店，且给予免费。前面说过，行栈留住供货货主、大车店留住二人转艺人，都是不收房宿饭钱，但这是店主的一种经营手段，是特例。在宿泊习俗中，当不足为训。

有些特殊的客人歇宿客栈习俗，很有趣味，下仅述两例。

先说武定府胡集书会艺人们歇宿的习俗。武定府（今山东省惠民县）东南大镇胡集，每年春节后正月十二开办说书会，俗称胡集书会。因前后十多天，恰好跨正月十五元宵节，故又称“灯节书会”。元朝兴起，清初鼎盛，沿袭至今。正月十一之前，来自山东的德州、惠民、济南、淄博、烟台，河北的沧州、石家庄、保定、唐山，以及北京、天津、内蒙古、黑龙江、江苏、河南等地的说书艺人，三人一伙、五人一帮奔胡集而来，投宿在镇上各个客栈里。正月十一，落宿后即收

图 7　水上客寓

（选自明崇祯刊本《画中人传奇》插图）

拾“过年”。艺人在客栈内挂起“祖师爷周庄王画像”，燃响鞭炮，师徒共拜祖师爷像。此后，便去别的客栈给师兄弟、同行拜年。拜年时，进门先拜祖师爷像，再互相拜年寒暄。拜年完毕，去南门之外拜历代曲艺艺人亡灵，俗称“望空”。回转客栈以后，才是艺人之间的各种活动，活动颇多，如

“拜师传艺”、“处罚艺徒”、“切磋技艺”等等；同行间互相交流，你敲我唱，说一阵，议一阵，常兴浓而自夜达旦。正月十二至十六为书会的正节，十二日，艺人们早起在集上摆摊子，扯旗挂号，各自打场献艺；入晚，便被附近村庄选中去村中说唱。一唱便是四天。十七日艺人们再回镇上赶大集书会（逢二、七为集），在会上再唱，白天在集上演出，晚上回客栈歇宿。一直到正月二十一日书会结束，艺人们便告别客栈主人：明年再会！沿途卖艺归去。

再说东北大车店车老板歇宿的习俗。车老板，当地俗称：老板子、车虎子、车豁子、车把式等。拉脚运输的一般组成车队，选经验丰富者为“打头的”，负责指定车队的歇宿时间和出发时间。一个车队在一个锅里摸勺子，所以达斡尔族称“一个图嘎（锅）”；每人所赶的一串车，或六七，或十几辆，称“额勤崩”。偏远地区，多是露宿账房里，遇有车店则甩响三鞭进店歇宿。“车老板的着装也与众不同。一般都戴四个耳朵的貉壳帽子；脖子围搭连绒的大手巾；小棉袄外扎着纯蓝或黑布宽腰带，带上别着铜嘴铜锅旱烟袋，下面系着一个狗皮烟口袋；外面穿着光板皮大衣；脚上穿着特大号靰鞡，能絮三斤靰鞡草，行车免得冻脚。老板子一般不戴手套，少数戴手闷子，大部分是皮套筒，个别的图方便缝上皮套袖。”（金宝忱《东北大车店的习俗》，文载《民俗调查与研究》）描述他的衣着，是为说明车老板歇宿的铺盖。车店炕热屋子暖，车老板的铺盖，就是这一身衣着，脱掉光板羊皮大衣身上一盖，上炕便睡，俗称“不打捆”，又称“打浑身”；枕头，将套袖搭在马鞍子上便是。这种歇宿方式，俗称“打干房”。不愿打干房的，有被褥可租用。打干房，主要是车老板便于夜间照看牲畜和看护货物，又便于起早赶路。

3. 安全

行旅者最担心便是行旅中的安全。一代代行旅者轻身犯难、冒险远行经验教训的汲取，传衍下来，形成一些旅宿安全的习俗。

(1) 不宿孤店古庙

旅客为行旅方便，行装多以细软为主，又加之“穷家富路”的行旅习俗，故而尽量多地带些旅资，所以也便成了客旅中的不安全因素。

《后汉书·独行列传·张武》记述这样一个史实：吴郡门下掾张业“送太守妻子还乡里，至河内亭，盗夜劫之，业与贼战死”。

官办的馆舍亭传尚免不了强人的骚扰，民间私营的客栈则更常有此类事情发生。《警世通言·赵太祖千里送京粮》中，写了赵公子送京娘回乡，歇宿在一个叫黄茅店的小客店，店小二与强人响马有勾结，夜里欲盗赵公子的“赤麒麟”马，还要抢掠民女京娘。《水浒传》中，对村店用蒙汗药麻翻客人抢劫财物、伤害生命的勾当，多有记述。明代地理学家徐霞客西行贵州时，在白云山附近投宿狗场堡，先是挑夫王贵将徐霞客藏于盛盐竹筒里的旅资偷去；后到了普安，歇宿一家小旅店，又被店主抢劫了剩余的钱财。清人吴炽昌《客窗闲话初集·孙壮姑》记有：“旅主马铁头，盗中之巨擘也。”

孤店、野店，或以为天高皇帝远，或与强人有勾结，或自身就常做昧心事，所以行旅者力避此处歇宿。

至于古庙，有的是寺院自身就不干不净，有的被强人强占为巢，所以旅客也把古庙歇宿作为一忌。汉魏时期，社会纷乱，盗贼横行，行旅毫无安全感，加之南北朝时佛教兴盛，寓居僧舍山房成一时风尚，然而这清静之地在社会大环境下亦变得不安宁。《魏书·元遥传》载：冀州沙门名法庆者，自号“大乘”，曾发动武装骚乱，“杀一人封为一柱菩萨，杀十人封为十柱菩萨”。《水浒传》中对强人占据寺院、作恶藏奸也有记述。

(2) 乘船危

水路行旅，因受自然条件影响较大，自己又不能主宰自己的航向航程，更多一层不安全因素，因此旅客多以为“乘船危”，万不得已不去乘船。

泛海远行，往往是“于海中遭风，多所没失”（《三国志·吴书·虞翻传》），“风波艰阻，沉溺相系”。（《后汉书·郑弘传》）内河客运也多有灾难降临，如《醒世恒言》卷10《刘小官雌雄兄弟》所描述：“时值深秋，大风大雨，下了半月有余，那运河内的水，暴涨有十来丈高下，犹如百沸汤一般，又紧又急。往来的船只，坏了无数。一日午后，刘方在店中收拾，只听得人声鼎沸。他只道有什么火发，忙来观看，见岸上人捱挤不开，都望着河中。急走上前看时，却是上流头一只大客船，被风打坏，淌将下来，船上之人，漂溺已去大半。余下的抱桅攀舵，呼号哀泣，只叫‘救人！’”

自然的灾难，是天有不测；而在乘船行旅时，人为的灾祸亦旦夕而至。王安石有诗《收盐》，其中说：“尔来盗贼往往有，劫杀贾客沉其艘。”《元典章新集·刑部·防盗》写道：江淮地区“濒江靠海，水面阔达，内有船户十万余户，其间逃役结党成群，以揽载为由，中途将客杀死，劫夺财物。”《初刻拍案惊奇》卷19《李公佐巧解梦中言，谢小娥智擒船上盗》，则叙述：谢家富商，以舟载货，“往来吴楚之间”，“忽然一日，舟行至鄱阳湖口，遇着几只江洋大盗的船，各执器械，团团围住”，接着“跳过船来”，“众人一起动手，排头杀去”，“众盗席卷舟中财宝金帛一空，将死尸尽抛在湖中，弃船而去。”

因此，在封建社会的社会纷乱时期，“莠民乘机劫夺，行旅相戒裹足”（梁章矩语），是很自然的事象。

4. 客死·旅榇

旅客在异乡，不论是自然灾害伤害、遭遇不幸、战死、病故的，均称客死，或称客葬、客窆等。客死就地葬下，要在墓顶签钉一墓牌，叫还乡牌。为日后迁葬归乡提供标志。

行旅中死亡，多为病故、寇盗劫杀、猛兽袭击等。《后汉书·独行列传·王忳》记述：王忳自广汉前往京师途中，同宿客舍的一位书生身罹重病，王忳给予了精心照护。然而书生病重，命在须臾，便对王忳说，腰下有黄金10斤，情愿相赠，并请死后予以安葬。王忳用1斤黄金为他办了后事，余下黄金悉数埋于棺木之下。书生父亲后来移棺归里时，“余金俱存”。又如唐人刘驾《贾客词》所反映商人客死的情状：

贾客灯下起，犹言发已迟。
高山有疾路，暗行终不疑。
寇盗伏其路，猛兽来相追。
金玉四散去，空囊委路歧。
扬州有大宅，白骨无地归。
少妇当此日，对镜弄花枝。

寇盗、猛兽的袭击，已成白骨的商人，虽然故乡有大宅美妻，但已寻不到归乡的路。

古代在客舍是可以办理丧事的。如张璠《汉记》说，楚晔为天水太守时，在垅亭，遇见原太守办丧事借宿于此，便主动让出正房给他。明清之际，会馆所辟的义园、义地、则是专门用来安葬同乡客死者的。

旅榇，是谓旅居之地停放的灵柩。客魂在异乡漂泊，被行旅者看作是莫大悲哀之事，因此有在客栈停有灵柩的古代习俗。如：唐时，元稹赴东都，徐州监军孟升死，节度使王沼送其棺木还京，在官舍置放，到了洛阳，元稹让把那旅榇移到驿馆之外，并禁用乘驿中的传车。刘禹锡《为鄂州李大夫祭柳员外文》说：“闻君旅榇，既及岳阳。寝门一恸，贯裂衷肠。”

5. 起程

(1) 晚上路

早投宿，晚上路。这是民间歇宿在外的习俗之一。奉“鸡为司晨之神”，以为“雄鸡唱，神鬼藏”，鸡鸣后才可起程。闻鸡而起，还有个鸡叫头遍、二遍、三遍之分，因此，还有“路途分远近，起程听鸡鸣”的习俗，根据下一程路途的远近而选择，是鸡叫头遍起程，还是二遍、三遍时。因此，旧时客栈均养有报晓鸡。

现代饭店旅馆里，如有赶火车、飞机、客舱的，已不再听鸡鸣了，也没有鸡鸣可听。或自已用手表、手机等叫醒，或通知饭店总机，让其提供叫醒服务。

晚上路及早投宿的习俗形成，是与古时社会背景有关，是对战乱时起、盗贼横行的纷乱社会生活的一种自我保护意识的反映，因为土匪强人多在一早一晚路上田间人少之时出没，为保行旅安全，当然还是选择“晚上路”为好。前面曾引刘驾《贾客词》所说，扬州一商人，灯下而起还说起程已晚，而等待他的则是“寇盗伏其路，猛兽来相追。金玉四散去，空囊委路歧。”

其实，所说“晚上路、早投宿”，就是“晓行夜宿”；晚上路，并不是说日上三竿才起程的，鸡鸣之时，天将破晓还是黑笼笼的。在社会相对安宁、交通安全之时，商人趋于利、游子思故乡、官身不自由等原因，往往是等不到鸡叫三遍天大亮时再起程。如白居易《早发楚城驿》诗写道：

过雨尘埃灭，沿江道径平。
月乘残夜出，人趁早凉行。
寂历闲吟动，冥濛暗思生。
荷塘翻露气，稻垄泻泉声。
宿犬闻铃起，栖禽见火惊。
昽昽烟树色，十里始天明。

再如司马扎《道中早发》诗也说：“野店鸡一声，萧萧客车动。西风带晓月，十里犹相送。”长年的晓行夜宿、不能定居的行旅生活，使得旅客恶烦起鸡鸣之声，唐人罗隐《早发》写道：“北去南来无定居，此生生计竟何如？酷怜一觉平明梦，长被鸡声恶破除。”宋代陆游《早发新都驿》诗云：“喔喔江村鸡，迢迢县门漏。河汉纵复横，繁星明如昼。”

(2) 夜行昼伏

旧时，战祸不止，社会动乱，寇盗蜂起，路途险恶，于是旅客出行便有了“夜行昼伏”的行宿习俗。

《后汉书·独行列传·刘翊》写道：“汉献帝迁都西京，刘翊被任用为上计椽，“是时寇贼兴起，道路隔绝，使驿稀有达者”。刘翊“夜行昼伏”，才得以抵达长安。

在塞北重镇张家口，古时有一条通往蒙古高原城市库伦(今蒙古首都乌兰巴托）的贸易运输路线，俗称：张库商道。商道作为贸易之途，大约在汉唐时已开始。商贸运输多用牛马车，冬春用骆驼，因地旷人稀、路途遥远，又加之常有盗匪出没，大车、驼脚都要结队而行，且夜行昼伏。《清稗类钞》有过记载：

> 晋中行商运货往关外诸地，虑有盗，往往结为车帮，此即泰西之商队也。每帮多者百余辆，其形略似大古鲁车，轮差小，一车均可载重五百斤，驾一牛，一御者可御十余车。日入而驾，夜半而止，白昼牧牛……每帮车必携犬数头，行则系诸车中，止宿则列车为两行，成椭圆形，以为营卫。御者聚帐中，镖师数人，更番巡逻。入寝，则犬代之，谓之卫犬。

张库商道上，运输车帮夜行昼伏，是颇典型的。

（三）饮食习俗

1. 行旅食品

旅客出外旅行，古时多自带食物，沿途投店打火进食。这行旅食品，一般为干粮、干肉。

有民谚“出门在外，干粮多带。”干粮是我国行旅之人所携带食品最早的称谓，汉代王充《论衡·艺增》记有：“且周殷士卒，皆赍干粮。”宋人楼钥《跋从子所藏书画》说：“问所携，前则草履，后则干粮。”

干粮，是对少含水分、不易腐坏食品的一个统称。具体说，古时所备行旅之用的干粮有：干精、糗粮、烙馍、胡饼、冻米等。精，是一种干饭。糗粮，是一种米麦干粮。烙馍，是用面烙制的薄饼。胡饼，即今称的火烧、烧饼之类。明代地理学家出外游历时，常携这种食品，如《徐霞客游记》：“解衣凭几，啖胡饼而指西山”。胡饼，北方地区较为流行，各地都有多种此类面食名吃。如山东省微山湖畔的挎包火烧，用拌以油、盐、香料的面，揉搓，擀压，做成正方形挎包大小的形状，经木炭火烘烤，便成香脆焦酥的火烧了。外皮向两面鼓起，内里有五六层夹层，可以夹菜食之，像挎包盛物一样，很适宜外出携带食用。冻米，是江南平常人家均能制作的食品，制作多在冬季，故而称之冻米。先用糯米浸六七天，取出蒸成饭，待饭冷却后，将饭抖松，然后放在露天冻酥，再晒干，使之成为一个个互不粘连的饭粒，这样再用砂去炒，便成为松而酥的冻米。旅途中带上它，开水一泡即可食用。徐霞客行游时，冻米也是常携带的干粮之一。

行旅者有条件的，除带干粮外，还要带些菜肴。所带菜肴，古时一般为脯，即干肉。如《警世通言》卷 21《赵太祖千里送京娘》说到赵公子与京娘准备起程时："五更鸡唱，景清起身安排早饭，又备些干粮牛脯，为路中之用。"因有千里路程，需备些食物，所以不但有干粮，还备了牛脯。徐霞客在云南西双版纳的橄榄坡游历时，见市上有卖鹿肉的，便倾囊购之并亲自烹煮，制成鹿脯，以备路中食用。他有一个"餐包"，即一个竹篮，干粮干肉用布和油纸包裹好，放在篮里，携带身边。

行旅食品的饭和菜在一起，合称为脯精、脯糗等。裴松之注引三国魏鱼豢《魏略》有记："淮因与脯糒及衣，不取其衣，取其脯一朐，糒一升而至。"（朐即根）《东观汉记·光武帝纪》："帝奉糗一斛，脯三十朐，进围宛城。"这两种食品常常是悬系在车中横木上，如《后汉书·文苑列传下·赵壹》记载："糒脯出于车軨"，大概是便于通风以防腐坏。这种遗风在山东潍县的近代社会还可见到。潍县有一种干粮，叫杠子头火烧，最早做此火烧的，是这县地处进京要道的留饭桥镇，当时过此镇北上数日无店，所以这镇店家便做这种硬面火烧供应旅客，火烧一斤一个，中间敲个洞儿，麻绳一串，挂在马鞍或车辕上。

东北地区因寒冷季节长，行旅所带食物，较为丰富。有的大车上、雪橇里，带有米面菜蔬、牛奶、烧酒、手把肉等。一般的行旅者，多喜欢带黏豆包，一是有皮有馅；到车店给热上，吃来香甜；二是路上饿极了，可以冻啃。

2. 打火·打尖

旅途中旅客在客栈进食休息，称为打火、打尖。亦有称：搭伙、起伙等。因此，有的客栈，便反过来被称作打火店、起伙店了。

《西游记》第84回《难灭伽持圆大觉，法王成正体天然》写道："我们共有十个兄弟，我四个先来赁房打火"。元人张国宾《罗李郎》第三折："恰离了招商打火店门儿，早来到物穰人稠土市子。"这里称客栈为打火店。《天雨花》第一回：

“多承小相公前来下顾，还是我老身店中供饭，还是自家起火?”东北的大车店，店中都贮存有米面菜蔬，如达斡尔、索伦族人爱吃的稷子米饭或炒米面都有准备。车老板有的包吃在车店；有的自带粮米菜，让店主加工，收少量手工费，称：起伙；带粮不带菜的，店主供应菜肴，或买现成食品的，称：搭伙。打发伙计到车店外采买酒菜，则要给店伙计“跑脚钱”。

打尖，与打火同义，也是旅途中休息进食。但早先之义只专指中午的进食。清人福格在《听雨丛谈》卷11“打尖”条中，论道：

> 今人行役于日中投店而饭，谓之打尖。皆不晓其字义。或曰中途为住宿之间，乃误“间”而为“尖”也。谨按《翠华巡幸》，谓中顿为“中火”。又见宋元人小说，谓途中之餐曰“打火”。自是因“火”字而误为“尖”也。

尖，古字为櫼，即楔，填充空隙的东西；打，即买。买填充肚皮的东西，不可谓之打尖么?清人李渔《奈何天·筹饷》中也说：“这里打中伙的所在，大家买些酒饭。吃饱了再走。”《镜花缘》第63回也写：“即如路上每逢打尖住宿，那店小二闻是上等过客，必杀鸡宰鸭。”买中午饭来吃，还有一名谓：打中文。《京本通俗小说·拗相公》写道：“日光将午，到一村镇。江居下了驴，走上一步，禀道：‘相公，该打中文了。’”还有“打小尖”之说，俗谓吃点心。清无名氏《燕台口占》之50说：“点心可挡寒气，蚤出门人打小尖。”并自注：“点心曰打小尖。”蚤，通早。打小尖是早上的饮食。

古时旅客打火、打尖，需自己动手。《水浒传》第61回《吴用智赚玉麒麟，张顺夜闹金沙渡》写道：

> 且说吴用、李逵二人往北京去，行了四五日路程，每日天晚投店安歇，平明打火上路。……行了几日，赶到北京城外店肆里歇下，当晚李逵去厨下做饭，一拳打得店小二吐血。小二哥来房里告诉吴用道：“你家哑道童忒狠，小人烧火迟了些，就打得小人吐血！”

由此，可知宋时客栈是旅客自己动手做饭，店家只给烧火。又如《喻世明言》卷19《杨谦之客舫遇侠僧》也写道：“二人来到镇江，雇只大船。周望、杨益用了中间几个大舱口，其余舱口，俱是水手搭人觅钱，搭有三四十人。内有一个游方僧人，上湖广武当去烧香的，也搭在众人舱里。这僧人说是伏牛山来的，且是粗鲁，不肯小心。共舱有十二三个人，都不喜他，他倒要人煮茶做饭与他吃。”看来，在船上打火也需旅客自炊的。

在客栈打火，除食用旅客自己所携带食物外，客栈有准备的熟肉热菜。以及酒、茶等饮料，供旅客选择；还有走卖的食桃子、饭盒子到客栈吆喝着卖，以调节旅客的口味。

《水浒传》这一类描写多有出现，如第11回《朱贵水亭施号箭，林冲雪夜上梁山》写道：

> 林冲踏着雪只顾走，看看天色冷得紧切，断断晚了。远远望见枕溪靠湖一个酒店……林冲看见，奔入那酒店里来……只见一个酒保来问道："客官打多少酒？"林冲道："先取两角酒来。"酒保将个桶儿打两角酒，将来放在桌上。林冲又问道："有甚么下酒？"酒保道："有生熟牛肉、肥鹅、嫩鸡。"林冲道："先切二斤熟牛肉来。"酒保去不多时，将来铺下一大盘牛肉，数盘菜蔬，放个大碗，一面筛酒。

再如第46回，杨雄、石秀、时迁三人投祝家店，虽天已很晚，店小二还是招待了他们一碟熟菜、一瓮酒和五升米。旅客饮食，所用饮料多为酒和茶。陆游《自山中夜行还湖上》诗说："道边野店得小憩，一杯浊酒倾残瓶。登盘绝爱畦韭美，镣釜未厌溪鳞腥。"又有《客怀》说："村醅酸薄陈山果，旅饭萧条嚼冻齑。"顾炎武《土门旅宿》中也写道："市酒薄驱冬宿冷，山辫轻压晓行饥。”白居易《北亭招客》则说：“小盏吹醅尝冷清，深炉敲火炙新茶。”此处又有酒，又有茶，肯定招人。还有一种饮料，唤作糗粍，是沸水冲泡碎米再兑入米汤做成的糊状饮品。贾思勰《齐民要术·煮糗》介绍说：“宿客足，作糗粍。糗末一升，以沸汤一升沃之；不用腻器。断（淅）箕漉出滓，以糗帚舂取勃。勃，别出一器中。折米白煮，取汁为白饮，以饮二升投糗汁中。”

走卖于客栈供旅客打火的，有背箱的，有推挎车的，有提竹篮、提亮盒的，有挑挑子、托方盘的，其食品也四季各异，任旅客任意选购。以黑龙江省宁古塔城为例，常于客栈走卖的面食就有：杠干面馒头、戗面馒头、糖麻花、澄沙包、澄沙饼、糖三角、鸭蛋包等等。

在客栈起火，旅客还有一些禁忌。如山东省梁山泊一带，旅客住宿起火，店小二负责给送碗筷，不送饭盒，饭盒需客人自己亲手去灶上端。饭后，旅客禁忌把碗摞起来，否则，要下连阴雨，无法赶路而“蹲店”。

（四）精神寄寓

旅客在漫长枯燥的行旅生活中，如何排遣心中的孤独和苦闷呢？行程之中，或骑马扬鞭，或乘车疾行，或扬帆悠驶，虽有苦辛，但还有山水风光相伴。一入客栈，放松下来，那“独在异乡为异客”的乡思和“在家千日好，出门时时难”的旅愁，便会油然而生，如何排遣？

1. 祈神卜卦

祈神拜庙，是行旅者为保旅途平安、排解旅愁的一种精神寄托。因此，古时道旁水畔常修有行神、土地神、山神、水神庙，以供旅人拜祀。如《太平广记·异闻录》记述了北周上柱国沈警奉命出使秦陇，途经张女郎庙祭祀的情形：“旅行多以酒肴祈祷，警独酌水具祝词曰：‘酌彼寒泉水，红芳掇岩谷。虽致之非遥，而荐之随俗。丹诚在此，神其感录。’”意思是，旅客们大多用酒菜设祭，只有沈警一人酌清泉水，祈祝说：酌来寒泉清水，采得岩旁红花，献给你张女郎，虽菲薄但也算入境随俗。诚心可鉴，请你接受吧。歇宿传舍里，沈警又望月吟咏，“稍遣旅愁”，而得以与神女相会。明人唐之淳《竹枝词·黄河所见》记道：

金龙王庙在河干，刲羊烧酒上杯盘。

乞得好风行半月，归来庙下赛衣冠。

黄河岸边多有金龙四大王庙，旅客酒菜祭奠，以期冀旅途平安、一帆风顺，归来时再去庙里，用锦衣高冠酬谢。

旧时客栈中，卜卦、看相、摸骨、扶乩者是常来常往，也便吸引旅客打卦算命，求得心理上的满足。《太平御览》卷726引《三国典略》讲述一则故事：周文育任南海令，一次北行至大庾岭，遇一卜者，卜者说，你如北行，做官只到县令而止，如南行则可为公侯。文育说，只求有吃有喝就行了，并不奢望什么公侯。卜者又说，你如果不相信我的卦，“君须臾之间当暴得银至二千两”，可作为验证。文育在逆旅，有位商人主动要与他赌博，结果文育真的是得银二千两；便决定折头南行。历史上的周文育官终散骑常侍、开府，仪同三公。这卦卜附会在真实人物身上，更有着蛊惑性。再如赵文林《旧中国的黑社会·汕头黑店》写道：“裕兴祥客栈，住进一个暹罗（泰国）的徐姓水客。此公乃一宿命论者，每当摸骨看相术士言中其过去遭遇和经历，并赞其行将发越的阿谀，必眉飞色舞，给予厚酬。”东北大车店、花店也多收留算卦先生，以吸引过往车老板。

2. 饮宴招伎

天若不爱酒，酒星不在天。

地若不爱酒，地应无酒泉。

天地既爱酒，爱酒不愧天。

这是唐代诗仙酒圣李白的诗句。古人称酒为“天之美禄”，是上苍赐予人类的礼物，尤其行旅之人把酒当成欢娱、寂寥或无所事事时的知己，也便形成以“酒”作侣的传统风尚。白居易《送客南迁》诗说：“谁人劝言笑，何计慰漂零？”“慎勿琴离膝，长须酒满瓶。大都从此去，宜醉不宜醒。”他以为，这样才可解行旅愁思，“家园忘却酒为乡”（《送萧处士游黔南》诗）。徐霞客明崇祯九年南方大旅行，便是从饯行酒宴拉开序幕，长达四年多的万里壮游，途中各地不少停居之处主人热情邀之于酒，他欣然饮之，常醉而入宿，酒给他的游历生活带来了勃勃生气。

饮宴中招歌伎、歌童助兴，也是旧时旅客行旅的风习之一。如明代徐霞客行至云南晋宁，友人唐泰在为徐霞客饯行时，因当地歌童王可程患病，便专程去昆明请来歌者伴酒，霞客感其盛情特地推迟了行期。清代游艺中原客师史氏《历下志游·歌伎志》有记载招梨花大鼓艺人到客栈演唱之事：“黄之姨妹王小玉者，亦工此，随其父奏艺于临清市肆，梦梅花生客过临清，于将行之前一日，偕三五友人假座逆旅，招之来度曲数阙，亦颇悦耳。”近代，在汕头、杭州等地的客栈里，也常有招歌女唱“南词”，聊解旅愁的。

3. 题壁·扣舷

题壁和扣舷，是古时文人行旅精神寄寓之习俗。题壁，即将诗文题写于客居的墙壁上，以抒发行旅、交游的情怀。扣舷，则是以桨或手击船边为节拍而歌咏。

东郡时题壁，南湖日扣舷。

远游临绝境，佳句染华笺。

杜甫这首《秋日夔州咏怀寄郑监李宾客一百韵》诗中，描绘了这两种当时很普遍的文化生活形式。

题壁，在唐宋时文人中成一时风尚，有许多佳话流传。杜甫《清明》诗曾写到临视壁上宋之问题壁诗旧迹时的感受：“宋公放逐曾题壁，物色分留与老夫。”唐元和十年（公元815年）春，由监察御史贬为江陵士曹参军的元稹，结束了五年屈辱生涯，由唐州奉召还京，春风得意，道经蓝桥驿，在亭壁留一首《留呈梦得、子厚、致用》七言律诗。八个月后，白居易自长安贬江州，南下经过这里读到元稹诗，感慨万千，于是作《蓝桥驿见元九诗》：“蓝桥春雪君归日，秦岭秋风我去时。每到驿亭先下马，循墙绕柱觅君诗。”至武关以南，白居易又觅到元稹《题山石榴花》诗，感叹题壁尚存而山花凋谢："往来同路不同时，前后相思两不知。行过关门三四里，榴花不见见君诗。"（《武关南见元九题写山石榴花见寄》诗）白居易与杨九，在商州南10里"寿泉"溪边山店，吟诗作别："寒波与老泪，此地共潺湲"。6年后，他又在店壁题诗，以期杨九能经此地读到它："一去历万里，再来经六年。形容以变改，处所犹依然。他日君过此，殷勤吟此篇。"（《重过寿泉忆与杨九别时因题店壁》诗）。至宋，陆游爱读这些题壁，"山腰细栈移新路，驿壁流尘暗旧题"（《感昔》），"道左忽逢曾宿驿，壁间闲看旧留题"（《客怀》）。一首讽刺宋朝南渡后人们一味醉生梦死不思国破的诗，草芥文人林升把它题在南宋都城西湖边上一家邸店壁上：

山外青山楼外楼，西湖歌舞几时休。

暖风熏得游人醉，直把杭州作汴州！

（《题临安邸》）

阿英在《灰色之家·四》写道："我是喜欢看题壁文字的，尤其是'东坡题跋'，'曝书亭题跋'。"由此，不是可以感觉到这一行旅习俗的文化品位么。

扣舷，文人则大概是从渔家叩舷讴歌而发展来的。晋人郭璞《江赋》写道："忽忘夕而宵归，诔采菱以叩舷。"唐人韩愈《湘中》诗也说："蘋藻满盘无处奠，空闻渔父叩舷歌。"文人们行旅中，常常情不自禁而于船中为抒陡发的激情，歌之咏之，舞之蹈之。王维《送綦毋校书弃官还江东》诗记道："清夜何悠悠，扣舷明月中。"宋代苏轼《前赤壁赋》中记有："于是饮酒乐甚，扣舷而歌之。"胡怀琛《拟钱允辉过江》诗则说："扣舷何事费低吟，举目苍茫感喟深。"此俗遗风，在长江三峡游的客舱上不是还常可看到的么？

4．讲荤话

旧时，在一些民间客栈里，少有娱乐活动，为消长夜的无聊，旅客常常聚在一起讲荤话。俗谓：拉骚巴呱儿、讲荤故事、拉笑话等。所讲大多是民间流传的荤故事、笑话，或从艺人那儿听来，由《笑林广记》改编而来的荤笑话，以及《金瓶梅》、《肉蒲团》等话本的内容。

东北大车店歇宿的老板子们晚间的"哨"，在讲荤话这一习俗上其内容挺特别。《齐齐哈尔文史资料》第20辑张连友、贾永林《大有东大车店琐记》这样记述：

> 大车店最热闹的时候是晚饭后，睡觉前，老板子们聚在火炕上喝茶、吸烟、闲聊、胡吹溜哨。有人介绍他所经历的奇怪事情，说得越离奇越好，其中不乏虚构、

编造。其他人也根据他的话题讲述自己的见闻，但一定要超过前一个所说，于是便形成了对立局面。开始用一些歇后语讽刺对方，叫做“哨”，按照顺序一套接一套，滔滔不绝，以博得其他人大笑为快。这些内容大都是污言秽语，但规矩是不涉及对方的父母、姐妹及子女等，主要是对方的老婆、嫂子、弟媳、小姨子等外姓人。如果一人败了下去，另一人可以接着对战，最后胜者则扬眉吐气，临时有一定权威可以支使败者买酒、买肉。并且是一朝得胜，终生为师，败者无论什么时间、什么地点见到胜者，都必须毕恭毕敬，决不敢有不恭不敬的表现。胜利者一般都是经多识广的老“车豁子”，也就是“掌包的”大老板子。有时“哨”起来“哨”到半夜，甚至天亮，耽误了行程，也在所不顾。一旦出现这样的场面，掌柜的和伙计，极力“掺和”，频频倒水，并免费供给几把土烟，求得“浑和”、热闹。这也很可能是当时大车店兴旺的另一个原因吧。

大车店很少有女客人，即便是有，也是随车进城办事的妇女，叫做“捎脚”，女客人来到大车店也同样不打捆睡通炕，但互不干涉。偶有上错炕事件，便会立即成为老板子“哨”的内容了，而且久“哨”不衰。

这祈神卜卦、饮宴招伎、题壁扣舷以及讲荤话，以成旧日的风景。现代人精神寄寓如何？电视是“上帝”，“随身听”是行旅的伴侣，手机是感情交流的“壁”，还有侃大山。

后　记

稿子杀青时，恰有叶涛先生的电话来，说每本书可有引言和后记。

后记，多是些感谢某某的文字，仿其例也来谢谢。

首先谢谢我自己。甫接选题，实在诚惶诚恐；很坚决地应下了，心内却十分虚空。至今未发现有客栈民俗这类题目的书籍出版，冷饭重炒看来是不行。南而北地到处翻捡资料，又无系统的文献资料可得，全零零散散的；虽复印来一大摞儿，几万字读过，也只能“挲”出几百字管用。探访学者，山大李万鹏、烟师院山曼、哈师大郭崇林、陕师大宁锐诸位教授都给予帮助。自然于我之前是感谢的首席。

今年大热。“嘤嘤”作响的“窗机”，陪我整整两个月。凌晨一两点睡觉是常年积习，这段时日，则常延至四五点，天大亮才上睡也时有。编写提纲，像根横亘于面前大骨头，我便似一点一点去啃的蚂蚁。当最后一字落在“格子”时，我才敢轻轻哼起：“我们的队伍向太阳……”（不知为何哼唱此歌）。不敢说填补了什么空白，只唯恐挂一漏万；但我想：只要是蹚出条路，不管是深一脚、浅一脚的样子，大家也定会谅解。

其实，首先之先应谢谢叶涛先生，他在百忙（他今年实在是太忙）中，为我出谋划策，为我搜集资料（主要参考书目中一半是他提供）。此谢忱，心里有也需说出的。

还要谢谢我妻，身体有恙，还忙里忙外给以支持。心里常感愧然。

恕不再一一。